HISHORYOKU

「秘書力」で人生を変える!

生涯アナウンサー&元秘書
田巻華月
KATSUKI TAMAKI

中央経済社

はじめまして

「秘書力」で人生を変える？　それは少し大袈裟では…と思った方も多いでしょう。そもそも「秘書力」とは？　「部下力」とは？

この本を手に取ってくださったあなたは、社会人としてバリバリ仕事をこなしている方でしょうか？　男女を問わずキャリアアップしたい、資格を取得して転職したい、と思っている方かもしれません。あるいは、管理職の方？　実際に秘書として上司を補佐している方であれば、共感していただけることも多いでしょう。再就職を目指す主婦の方でしょうか？　それとも大学生や専門学校生？　もしかしたら商業系の高校生？　高校生で「秘書力」に関心を持ってもらえたなら、落ちこぼれ秘書であった私は心から拍手を送ります。アナウンサー志望者？　現役アナウンサー？　いいですね。あなたにもきっと、ある意味参考になると自負しています。

私は生まれも育ちも鹿児島市。アナウンサーを目指して上京し、大学４年間を過ごした後、故郷鹿児島の放送局に入社しました。アナウンサーとして16年間、出産後、秘書として２人の社長につき総務部で５年間勤務しました。後ろ髪を引かれる思いで21年間の会社員生活を卒業し、現在は縁あって新潟の放送局でニュースを読みながら、フリーアナウンサーとして活動しています。さらに、秘書時代の経験と資格を活かし、大学で秘書検定対策講座を担当。また、マナー講師として企業や大学などで研修や講演活動を行っています。

「アナウンサーと秘書」

画面を通して、また大勢の人の前に立ち自分自身をさらけ出す機会も多いアナウンサーと、上司を補佐する立場の陰に徹する秘書。

その両方を経験している、少し異色の経歴かもしれません。しかし、そんな特別な経験ができたからこそ、今の私があるのです。

「表舞台と縁の下の力持ち」

そして今回、私は改めて気がついたのでした。まったく違うと思っていた「アナウンサーと秘書」という仕事ですが、アナウンサーは決して自分が主役ではなく、紹介する物事があり、ゲストがいてこそ。主役である「伝えるべき物・事・人」を自分の言葉を使ってサポートし、世の中へ伝えていきます。秘書も、主役である上司が仕事をしやすいように補佐し、仕事を通して上司を世の中に伝えていく、いわばマネージャーであり演出家。また、縁の下の力持ちでありながら、時に社の顔として表舞台に出て行くこともありました。こうしてみると、まったく違うと思っていた2つの仕事が、私のなかでは、本質的にとてもよく似ている仕事としてつながりました。本書を書くにあたって、ようやくこんな大事なことに気づいた、まだまだ未熟な私です。

そんな私の人生を変えた大きなキーワードが「秘書検定」です。その存在はご存知でしょうか？　少し前までは、女子学生が就職活動の際、「持っていると有利だから取る資格」というイメージがあったかもしれません。しかし近年、若い女性だけでなく、若い男性から中高年男性まで、男女を問わず管理職はもちろん、主婦の方の受験者も珍しくありません。公益財団法人実務技能検定協会によると、過去約700万人が受験し、そのうち約380万人が合格を手にしてきました。「秘書検定」の「秘書」の部分を「社会人」とするとしっくり受け入れることができるかもしれません。挨拶や敬語、電話応対にビジネス文書、人間関係などその範囲は広く、言い換えればまさに「社会人検定」です。「会社」だけでなく、組織のなかで働くすべての部下・上司に役立つ職場常識の宝庫ともいえるでしょう。

アナウンサーから社長秘書になった当初、私は自分自身のその「社会人力」の乏しさに愕然としました。「かしこまりました」の一言もスマートに言えなかった落ちこぼれ秘書が、独学で秘書検定1級を取得し、人生が変わっていくのです。さまざまな秘書的能力を本書では「秘書力」と呼ぶことにします。日常業務に活かせる「秘書力」は誰にでも必要な「部下力」であり、それはキャリアアップにつながります。20年、30年と秘書一筋のベテラン秘書に比べたら、落ちこぼれのうえ、たった5年の実務経験しかない私が秘書を語るのはおこがましいのですが、私にしかできない「生涯アナウンサー&元秘書」の立場でお話ししようと思います。また、現役アナウンサーの立場から、コミュニケーションをとるための道具である「言葉」にも触れ、コミュニケーション術や発声練習の仕方、声の表情の磨き方も伝授しましょう。「声と話し方」で人生も変わるのです。

そして、最初にこれだけは念押ししておきますね。どんなに難関といわれる資格を持っていても、どんなに有名な大学を出ていても、人とのコミュニケーションがとれなければ仕事はできないということ。もちろん、資格を取得するそのプロセスと努力は素晴らしいことです。資格があってこその職業やスタートラインもありますが、その資格を活かすも無駄にするもその人次第。資格を活かし、人が人との関わりのなかで仕事をし、ともに同じ方向を向いていかなければなりません。仕事は1人ではできないのです。積み重ねた学びと、そこから生まれる自信、そしてなんといっても人間関係こそが、社会でのキャリアアップに大きく影響していきます。

本書は、アナウンサー&元秘書としての経験をもとに、秘書検定のスキルも紹介しながら、社会人として基本的なことを中心とした私流の仕事術バイブルです。秘書検定の過去問題も引用していますので、挑戦してみてくださいね。

「秘書検定」はとてもおすすめの資格ですが、この検定を必ずしも受験してほしいといっているわけではありません。たくさんの学生や社会人とお会いする機会がありますが、「自分に自信が持てない」という声をよく聞きます。「秘書力」が自分に自信を持つきっかけになり、自分自身を認める自己肯定感につながればと思います。その「秘書力」を身につけるために「秘書検定」を学ぼうと思う方がいらっしゃるなら嬉しく思います。自分自身の一歩踏み出した勇気と資格取得が自信となり、また次の自信につながるでしょう。自分を信じて直感に直観をプラスし行動することで、きっと運命も回り出し人生が変わるでしょう。現に私は、本書を書くことで、また次の山頂を目指して登り始めましたが、それはまた最後に。まずは、私自身の社会人人生がどう変わっていったのか、というところから始めますね。品よく毒を吐くこともお許しください。

この本を閉じたとき、不安やモヤモヤなど心にたまっているものがあればふーっと吐き出し、宙を仰いで「自分を叶えよう！」と思ってくださることを望みます。

目次◉「秘書力」で人生を変える！

PART 1

「秘書力」でキャリアアップ！

PART 2
「秘書力」でビジネススキルアップ！

PART 3

「秘書力」でヒューマンスキルアップ！

PART 4 「秘書力」でコミュニケーションスキルアップ！

PART 5

「秘書力」でトークスキルアップ！

1万人以上にインタビューしてきた生涯アナウンサーが伝授！

PART 1

「秘書力」で キャリアアップ！

人生を変えた秘書検定

SECTION 1

アナウンサーから社長秘書へ！ 落ちこぼれ秘書の誕生

アナウンサー＆秘書の舞台は KKB鹿児島放送

アナウンサー＆秘書の舞台となる株式会社鹿児島放送に入社したのは、ちょうど平成元年の4月。平成とともに社会人生活を歩んできましたので、四半世紀以上も経ってしまったことに自分でも仰《の》け反《ぞ》ってしまいます。

故郷鹿児島でアナウンサーとしてのスタートを切り、ニュースや情報番組、トーク番組にさまざまな司会など、報道制作の現場で貴重な経験を積んだ16年間でした。そのほとんどが、ディレクター、報道記者を兼ねていたため、アナウンサーのスキル以外の苦手な編集作業を学ぶなど、日々仕事に追われていたことが思い出されます。

特に、ディレクターを兼ねて挑んだ料理番組『えぷろんQ～華月のただいま修行中～』と番組名に私自身の名前が入り、平日夕方の帯番組だったこともあって視聴率も良く、たくさんの鹿児島県民に名前を覚えていただきました。

入社して10年、32歳で結婚。当時は、結婚して主婦の立場で伝えるアナウンサーが同社にはいなかったことから、主婦アナ第1号として伝えることにやりがいを感じていました。しかし、結婚しても続けることが、まずはそう甘くはなかったのです。

結婚し、仕事を続けることがまずは関門

女性と仕事。今では結婚しても仕事を続けるのは当たり前になりましたが、当時の鹿児島放送には、結婚したら退職する慣習のようなものが根強く残っていました。結婚後も仕事を続けている女性が1人もいなかったのです。この関門を突破するのに、当時の社長、会長に直談判《じかだんぱん》しに行ったことも今では懐かしい思い出です。おそらく、現在の社員でも知る人は少ないでしょう。結婚することが公になったとき、男性社員のなかには「いつ辞めるの？」と聞いてくる人もいました。「辞めませんよ。自分のためにも、そして会社のためにも。結婚している立場の女性社員が必要になるはずです」と明るく笑って答えたことも覚えています。

「前例がない」を「初の○○」に変えるのは容易なことではありませんでしたが、会社が変わるのを待つ、誰かが変えてくれるのを待つより、自らが会社を変えようと思ったのです。それは、自分をアナウンサーにしてくれた鹿児島放送への愛社精神。地元に認められる、働きやすい「いい会社」になってほしいという一心でした。

働くことも家庭も諦めない！　と、ちょっとした女戦士気取りです。当時の秘書（私の2代前の秘書）が私にこんなことを言ってくれたのを今でも覚えています。

「いつか振り返るとき、あのときは大変だったけれど、今では普通のことになったねと笑うときが来ると思います」。

後輩だった彼女はその後、お相手の県外転勤をきっかけに結婚して退職しましたが、くじけそうになった

とき、この言葉に何度助けられたことでしょう。

そんななか、「今からの時代は、女性がもっともっと活躍するべき」と応援してくださったのが当時の専務、のちに社長となり私が秘書としてつくことになる人物です。しかし、当時はまさかアナウンサーを辞める日が来るとは想像もしていませんでした。

当時は制作部のアナウンサー。結婚前から主婦向けの番組を夢見て企画書を出していた私ですが、現実はそう甘くはありませんでした。その思いは届かないどころか、結婚後すぐに報道の現場に異動になります。よりハードな現場で記者中心の日々を過ごすことになったのです。番組どころか、週に1度だけのニュースキャスター。それでも自分の目で見て感じたことを伝えられる場があることを喜ぶべき、と自分に言い聞かせていました。ありがたいことに、夫は私が仕事をもつことに対しては理解があり協力的でしたので、夜中に鳴り響くポケベル（懐かしいですね）にも文句ひとつ言いませんでした。

過酷な報道の現場でもなんとか両立させ、辞める気配を見せなかったからでしょうか（相当しぶといですね…）、1年前に書いた企画書が日の目を見ることになります。再び制作の現場に戻り、主婦向けの情報番組を立ち上げました。『ロコミTVマミーズクラブ』と名付けたその番組は、まさに私が感じた「主婦の口コミの威力」で成り立っていました。視聴者からの口コミをもとに衣食住を取材し、生の声を伝えました。主婦目線が会社に貢献すると断言したことが、現実のものとなったのです。

主婦目線で伝える楽しさに加え、いつしか母として子育ての情報も伝えたいと思うようになったのは、女性であれば一般的には自然なことだと思います。それまでの私は、子どもは自然に授かり、妊娠すれば出産する、とどこかで安易に考えていました。しかし、人生はそう甘いものではありません。番組が軌道に乗るなか、2度の流産を経験、子どもを産んだ後も1度流

たくさんの思い出がつまったANN系列KKB鹿児島放送は私の原点。
2017年10月に開局35周年を迎え、さらに郷土に貢献し県民に愛される局へ。

産しました。しかも、苦しい不妊治療の末の流産です。スタジオに主婦や子どもたちを招いて放送することもありましたが、流産を繰り返すたびに、子育てネタに苦しみを感じるようになっていったのです。しかし、辛いことがあってもカメラの前では笑う、そのアナウンサーの仕事が私を支え、落ちるところまで落ちずに済んだのかもしれません。

38歳で出産、仕事と子育ての両立生活がスタート

結婚から5年後に3度目の妊娠。38歳で無事に出産するまで不安を抱えながらも、産休に入るギリギリまで働きました。主婦向けのその番組内で妊娠を発表し、大きなお腹で「産休明けはママ目線でお伝えします」と出産に臨んだのでした。

産休に入ってからは、日々子育てに追われながらも、念願のママアナとして番組に復帰できるのを心待ちにしていました。待望の子どもでしたが、年度初めの4

月でなければ保育園の空きはなく、産休を半年で切り上げて復帰する覚悟を決めました。まだ6か月の子どもを預ける後ろめたさはありましたが、それ以上に、正直ブランクが空くことも怖く、早く復帰できることにホッとしている自分がいました。しかし、この半年早く復帰したことが、私の人生を大きく変えることになるのです。

ママアナウンサーの夢を絶たれ、社長秘書へ

復帰した1週間後に子どもが高熱で入院するなど、仕事と子育ての両立は波乱のスタートでした。人生そう甘くはありません。子育てはもっと甘いものではありません。子育ても仕事もバリバリこなすキャリアウーマン！　とはまったく違う現実でした。しかし、仕事と子育てを両立することに使命を感じていた私は、なんとか毎日をやりくりし、優雅に泳ぐ白鳥が水面下ではバタ足しているように、精一杯生きていたと思います。

そして、番組復帰へ向かっていたある日、突然上司から告げられたのでした。「総務部へ異動が決まった」と。ようやく、主婦目線、母親目線で情報を発信できる！　とわくわくしていた矢先の出来事でした。人生、そう甘くはないものです（何度も出てきますね…、このフレーズ）。

上司からの言葉を受け止められず、涙して同僚に心配もかけました。そのときの私は、「母親目線で話す」という夢を会社に断ち切られたように思っていました。異動の大きな理由は、当時の秘書が妊娠し、産休に入るため。他の女性社員が後に続いてくれることは、結婚しても会社を辞めずに子育てと両立していく道を開けた、自分でいうのもなんですがパイオニアとしてはこのうえない喜びでしたが、それがまさか自分の身に影響するとは思いませんでした。

もし、育休を規則どおり取っていたら、そのタイミ

ングに合わず、私ではない誰かが異動になっていたでしょう。今から思えば、逆に異動になっていなかったら現在の私はないと思うと怖くなるくらいです。こうして本を書くこともなかったわけですから。人生は本当におもしろいものです。

会社員ですから、辞令が出たら従うしかありませんが、どうしてもアナウンサーを続けたいなら、辞めてフリーになるという選択もありました。39歳の大きな選択でした。しかし、ここで子どもに助けられるのです。私が仕事を辞めたら、保育園でたくましく育っている息子は、一時的にでも保育園を退園しなければなりません。保育園に通わせたい思いで、会社を辞めないと決めました。仕事をするために保育園に預ける本来の形とは逆です。さらに、総務部に異動する前からできないと決めつけるのも、私のポリシーに反していました。どうせやるなら、やれるだけやって、この人がいなければ困ると言わせて辞めてやる…。異動の辞令が出た当初は、愛社精神に溢れていたからこそ、会社に対して相当恨みを持っていたようです。怖いですね。暴露本になりかけてきました。

異動に込められた上司の思い

そんな私の恨みを完全に払拭《ふっしょく》してくれたのが、秘書として最初についた社長である桐明桂一郎氏でした。結婚当初、これからはますます女性が活躍する時代と励ましてくださった桐明氏。異動が決まって挨拶に行ったとき、私は半分文句を言うつもりでした。しかし、このように切り出してくれたのです。

「結婚しても続けるなど、今まで前例がないことをやってきたのは大変だっただろう。これからはますます女性が活躍する時代。だからこそ、今後女性の管理職、役員になってもらうために、アナウンサーだけをしていては会社全体を見ることができない。アナウンサーが他部署へ異動するのも前例がない。でも、キミならできるのではないか？　総務部で会社全体の動きを見ながら、私と一緒に仕事をしてほしい」。

その言葉には、「私」というよりも「女性社員」を認めてもらった嬉しさを感じ、秘書になると決めたのでした。そしてその半年後には、言葉どおり、総務部主任から初級管理職の総務部副部長へ昇進することになります。アナウンサーが他部署で仕事をするパイオニアにもなってしまったのです。

桐明氏から次の社長へ交代するまでの半年あまりで、仕事の手順をはじめ、関連会社や人脈、主要人物の人柄、さまざまな会合の内容などすべてを学ぶことができたのです。鹿児島に帰省したときには今でもお酒を酌み交わすお付き合いをさせていただき、心から感謝しています。改めて御礼を申し上げます（桐明桂一郎氏からは、ありがたいお言葉を本PART末のインタビューコーナーに寄稿していただきました）。

落ちこぼれ秘書の誕生

復帰して半年も経たずに異動を命じられた私は、それから間もなくして、それまでほとんど足を運んだことがない総務・経理の部屋にいました。報道制作の現場とはまったく違う静かな雰囲気。学校でいえば、一歩足を踏み入れるのも緊張する、まるで職員室です（新潟では一般的に教務室というようです。新潟あるある余談でした）。

そして、当たり前ですが、まったく違う仕事、正確にいうと、違うと思っていた仕事。「秘書」といっても、異動当初の肩書きは総務部主任。総務のさまざまな仕事をしながら社長関連の秘書業務をこなす、いわゆる兼務秘書です。そもそも「秘書」の仕事がどんなものなのか、まったく無知の状態。前任の秘書から引き継いだときは、苦手な伝票処理やアルバイトの給与計算まで、総務部員としての仕事も含め、果たして私に務まるのか気が遠くなり、脱走しかけました。

出勤後朝一番にする仕事は、社長室はじめ役員室のカーテンを開け、植木に水をやるなどの環境整備。なぜこれが自分の仕事なのか、疑問を抱いていました。定期的に新聞や雑誌を整理し破棄する仕事は、思ったより重労働。報道制作では、アルバイトの学生たちに頼んでいた仕事です。いわゆる雑用が仕事なのかと愕然としたことを覚えています。

環境整備は、上司はもちろんお客様をおもてなしするために必要で、資料整理も上司を補佐する大事な仕事と納得するのは、秘書検定を学んでからのことでした。

しばらくは様子を見ていましたが、機密事項が集まる総務部だけに、傍から見ると何をしているのかわからない仕事内容も多く、言えないストレスも抱えます。しかしだからこそ、まずはその重苦しい雰囲気を部員同士で変え、「楽しい総務」の人間関係を重視していきました。「総務は楽しそうでいいね」と言われるようになるまでそれほど時間はかかりませんでしたが、「楽しそうに見える総務」は、次第に人が入りやすくなり、言いやすい雰囲気に。「華月の部屋」と勝手に名付けて、社員の相談や文句を何でも聞くようにしたのです。それは秘書として、総務部副部長としてもパイプ役、潤滑油の役目を担う仕事の1つでした。

入社した当時、まだ開局して数年だった鹿児島放送では、新入社員のマナー研修はなく、先輩から学ぶスタイルでした。アナウンサーとして入社した以上は、まずは読む、話す技術を磨くことが優先。研修は入社前からあり、入社後は、キー局のテレビ朝日での研修にも参加し、涙々の研修を乗り越えたことが昨日のことのようです。そのようななかで、社会人としての常識やマナーなどを学ぶ機会を逃したまま、16年が過ぎていたのは言い訳してもお恥ずかしい話です。

アナウンサーというと、言葉のプロとして敬語の使い方も完璧と思われるかもしれませんが、それは基礎的なことだけで、ましてや接遇用語などは報道制作の現場では使いこなすことはなかなかありませんでした。報道部時代、営業から異動してきた記者が受話器片手に取材先に向かって「かしこまりました」とお辞儀する姿を見て、随分ばか丁寧な話し方をするものだと も思ったものです。

異動した当初は、他社の社長秘書からかかってくる電話の言葉遣いがあまりにも流暢で、しどろもどろで対応する自分の情けなさに一時電話恐怖症になったのは新入社員のようでした。まさに、「かしこまりました」の一言もスマートに言えない落ちこぼれ秘書の誕生でした。

社長交代！坂口和之氏との4年半

落ちこぼれ秘書の毎日は、それでも何とか業務をこなして過ぎていきましたが、当時の専務であった坂口和之氏が社長に就任するにあたって、社長交代に関連する仕事が山のように押し寄せました。株主総会や取締役会、関係各社への連絡などなど、もちろん私ひとりでする仕事ではありませんが、総務部、会社あげての大きな節目です。会社がどのような仕組みで動いているのか、ようやくわかっていきます。前任の社長時代から、「社長は孤独」だと感じていました。決して寂しいというわけではなく、1人で判断をしなければならない、また、考える時間を要することが多く、社長という立場を保つためにもそうならざるを得ないということでしょうか。

坂口氏が専務時代から傍にいた私は、社長就任までの複雑な胸の内を見ていました。前社長も坂口氏も、もともと新聞記者で全国を飛び回っていた方でしたが、マスコミとはいえ新聞とは勝手が違う放送局。鹿児島での社長就任。私に推し量れるものではありませんが、さまざまなプレッシャーを抱えているのは感じるところでした。

株主総会、取締役会を控え、一生懸命、社長就任挨拶の練習をされているのを知っていました。その本番を「その調子、その調子、うまく言えている！」と母親のような気持ちでドア越しに聴いていた私です。終了して、少しでもほっとしてほしい、そしてよろしくお願いしますという思いで、社長の机の上に1枚のハンカチを。私の思いを綴ったメッセージを添えました。別れをイメージさせるハンカチを贈るのにためらいもありましたが、これから一緒にこのハンカチで汗を拭き、嬉しい涙を流しましょうという決意も込めていました。私の前では気を遣わず言いたいことを言ってほしい旨を書いたと記憶しています。

ぱっと見は、なかなかかっこいいロマンスグレーのダンディなおじさまですが、中身は博多のやんちゃ坊主がそのまま大きくなったような方でしたので、肩書きは社長になっても、そのままの気さくな社長でいてほしかったのです。実際、退任されるまでそのままで、それはそれで困ったものだとも思いましたが…。

当時のことを覚えていてくださり、私が退職する際、ハンカチと手紙が嬉しかったと話してくださいました。そして近くにいたからこそ、辛くあたることもあったと。それを自覚していらっしゃったのかと、許しました（笑）。ニコニコのよそ行きの顔とは違い、たしかに私の前では身内の顔。しかしそれは、私が望んだとおりのことでした。逆に私のほうが、もっともっとバッサリ！　はっきり！　言えばよかったと反省もしています。落ちこぼれのくせに、有能な秘書になりすましていました。

社長を「和之さん！」と呼ぶ秘書なんて…

坂口氏は、「社長」と呼ばれることにも抵抗を示した、少し変わった社長でもありました。

近い存在でいたい気持ちもわかりますが、「社長と呼ぶな、名前で呼べ」と言われても、もちろんなかなか実行に移す人はいませんでした。しかし、「では、そこまでおっしゃるなら「和之さん」と呼ばせていただきます」と反撃に。時と場合と機嫌を見ながら、私は呼び方を使い分け、いつしか「和之さん」のほうも「和之さん」と呼ばれることに慣れてしまったようです。秘書は、上司が仕事をしやすいよう、「上司の意向に合わせて仕事をする」「上司の人間性を理解する」と秘書検定でも学ぶことです。しかし、上司を下の名前で呼ぶなんて…。一緒に仕事をしていくなかで築き上げた人間関係だからこそとお察しください。僭越ながら、未だにその呼び方を変えずに、毎年お誕生日には声を聞き、「和之さん、お元気ですか?」と呼びかけます。「はい、はい、元気、相変わらずたくましいね、嬉しいね、ありがとね、じゃあね」とあっさり切られてしまうのも、強がりが健在で嬉しいことなのです。

本書も、あごのあたりを触りながら、少し宙を眺め、「ふっ、まいったね」と照れながら読んでいらっしゃることでしょう(これからも「和之さん」と呼ばせていただきますね)。私が退職することになったときも、「人生は、いろいろなことを楽しむほうがいい」と背中を押してくださいました。改めて、心から感謝いたします。「上司」と「秘書」の関係が、仕事上だけでなくプライベートにも影響を与えてくれる人間関係となり、その絆は宝物に変わりました(坂口和之氏から頂戴したありがたいお言葉は、PART 2末のインタビューコーナーでご紹介しています)。

SECTION 2 独学で秘書検定を取得

2級・準1級・1級への道

直属の上司である総務局長の大きな影響

落ちこぼれ秘書が「社長秘書」としてやっていくには、社長からの指示だけでは務まりません。総務局総務部に所属していた私にとっての直属の上司は、当時の総務局長で、現在、専務取締役の永池誠悟氏です。永池氏は、もともと技術職として入社し、長くその道を究《きわ》めていた人物ですが、その後、番組編成をする編成局長を経て総務局長になった、私と同様、少々異例な経歴の持ち主です。私が総務部へ異動した際も、

「なぜ技術畑出身なのに、編成や総務の仕事をしなければならないのか」と自らの経験を話し、「アナウンサーがなぜ総務へ？」と疑問に思っていた私に同情しつつも、励ましてくださいました。そのときはまだ、私を総務部へ呼んだ張本人であることは知る由もありません。怖いですね、会社って。

永池氏は、技術者ならではの手腕で、社内のパソコンの環境や社内LANなどのネットワークを構築していきました。会社経営に必要な資格や、総務局長として経理の知識も習得するために簿記の資格を取るなど、自らの姿勢を見せてくれる上司だったのです。部下は

上司を選べませんが、私にとっては、いわゆる「アタリ」の上司でした。永池氏の人事の提案に、当時の社長であった桐明氏の、管理職、役員に女性社員登用の思いが重なったわけです。アナウンサーから秘書へと異動することで、私の人生が大きく変わったわけですが、当時は恨んだ上司に改めて感謝の気持ちでいっぱいです。私とつながっていただいた人間関係のなかで、誰ひとり欠けても今の私はないと思い返しています。ありがとうございました（永池誠悟氏からありがたいお言葉を頂戴しました。PART 3末のインタビューコーナーでご紹介しています）。

異動した先でプロになる

永池氏は、「異動した先でプロになる」を実践し、態度で示してくれた上司でした。報道制作の現場にいるときは、会社全体を見渡す重要性などこれっぽっちも感じていませんでした。そのような見方ができなかったのです。現に、報道記者の後輩社員が3年で営業に異動になったとき、成長ぶりに期待していた矢先の出来事に、なぜ有能な芽を摘むのかと会社に反感さえ抱きました。そのときは会社は現場のことなど何もわかっていないと思っていましたが、わかっていないのは私のほうだったのです。

報道制作の現場は、災害関連など例外も多々ありますが、頭を下げて取材させてもらう経験など少ないものです。取材して御礼を言われることのほうが多く、長年いると感覚もマヒしてしまいそうです。そんななか、営業など他部署でお客様に頭を下げることなどを叩き込まれた人材は、現場に戻ったとき、1つの方向ではなく、多方面からさまざまな見方ができるようになります。現にその後輩は今、再び報道の現場でデスクとしてニュース作りの中心人物になっています。意にそぐわない異動で辞めてしまう若手社員も多いのが現実ですが、いろいろな仕事を経験することが、結果的に人間を大きく成長させてくれることに、後になって気がつく…私自身が異動して初めてわかった遅すぎる気づきでした。

報道制作の現場から総務部へ異動したことで、会社がどのように動いているのか、各部署がどんな関係で仕事をしているのか把握できました。先の先のことを考えて人を動かす人事の大変さとおもしろさ、1つの道を究めることも素晴らしいことですが、いろいろな経験を積むことはさらにその人を成長させ、結果的にやりたい仕事がもっと充実すること。もちろん適材適所はありますが、仕事ができない人はどこに行ってもできないけれど、できる人はどんな部署でも切り開いていけること、心がけ次第で決まることをたくさんの実例で見ることができたのでした。

あなたがもし、今、自分の希望しない部署にいるのなら、一度本気でその部署の仕事のプロを目指してみると、何かが見えてくるかもしれません。自分にはこれしかない、できないから次の異動まで我慢するのか、我慢が嫌で辞めてしまうのか、それとも、こんなこともできるようになるチャンスが訪れたと思うのか、すべては自分次第です。

40歳で検定・資格取得マニアの道

上司の日々学ぶ姿から、当時の総務部は、資格取得でスキルアップしようと盛り上がります。現に当時の総務部長は、難関の気象予報士の資格まで取得し、毎日が「学ぶ」ことに貪欲《どんよく》なメンバーでした。こうして私の、40歳にして検定・資格取得マニアへの道がスタートするのです。

ご当地検定である「かごしま検定」はマスコミ人にとっては魅力的な検定でしたが、小論文形式で難関な最上級の「かごしまグランドマスター」まで取得しました。また、当時の鹿児島放送はPマーク（プライバシーマーク）取得企業だったため、個人情報保護士にも挑戦。一度不合格で悔しくて大阪まで受けに行った思い出の資格です。また、国家資格である第二種衛生管理者など、約3年間で8つの資格を取得しました。子育て中の私にとっては時間との戦いで、休みの日に息子を保育園に預けて図書館で勉強する過酷な日々でした。しかし不思議と、苦痛というより頑張っている自分を確かめる時間。自分で自分に拍手を送り、何かに合格するたびに、次の目標を見出し、小さな自信を積み重ねていった、今思えば人生で一番学んだ時間になりました。

秘書検定2級・準1級・1級取得

取得した資格のなかでも、一番自分自身の仕事に影響し、自信を持って業務にあたるきっかけになったのが「秘書検定」です。これでいいのだろうかと自信がないなかに現れた救世主でした。そしてそれは、人生を変えるほど大きな影響を与えてくれたのです。

「秘書検定」には、1級、準1級、2級、3級とありますが、1級と準1級では筆記試験を通過した後、面接試験も行われます。面接といっても就職の際の面接試験のようなものではなく、面接官を上司またはお客様として対応するロールプレイングです。まさか40歳になって面接試験を受けるとは思ってもみませんでした。3級は基本として学び、2級と準1級を併願して受験。どの資格試験も、合格の通知が来るまでは気持ちがザワザワするものです。2級の合格とともに準1級の筆記試験の合格を経て、面接試験は福岡まで出かけました。上司役である面接官へ「報告」をするため、事前に配布される内容を覚えなければならないのですが、生放送より緊張するものです。自分では50点くらいの出来で、福岡見物をする気も失せて肩を落として帰路についたのを覚えています。

合格の通知が来たのはそれからしばらくしたころで、筆記試験のみの2級とは違い、面接試験を突破したことが自信を生んでくれました。その後すぐに最上級の1級に挑戦。マークシート9割に記述1割の2級、マ

就活セミナー。全国の大学・専門学校や就活イベントでの学生との出会いもご縁。元「鬼の面接官」も、自分の道を進んでくれることを願い、溢れる愛で背中を押します。

ークシート6割に記述4割の準1級に比べ、1級はすべてが記述形式です。2時間20分も時間がありますが、考える前に手を動かさなければ時間内に書き終えることができない、時間との勝負。合図があるまで書き続け、終了したときは頭がぼーっとするほどでした。

面接試験は準1級よりさらに対応力が求められますが、なんといってもアナウンサー力が役に立ちました。1級の合格証を手にしたのは、ちょうど41歳の誕生日を迎えたときです。

鬼の面接官！

さまざまな資格取得に伴い、社内でも仕事内容はキャリアアップしていきました。アナウンサーの採用試験には長年携わっていましたが、総務部への異動により、一般社員の面接官にも加わりました。鹿児島放送の場合、エントリー後に必ず本社または東京の会場で本人に会い、気軽な雰囲気で一対一の受付をします。

当時はまだ珍しい形式で、学生には面接とは言っていませんが、いわゆるこれが1次面接です。

ぱっと見は厳しそうな総務局長や穏やかに見える総務部長、そしておそらく、学生にとっては男性よりも女性の私のほうが優しそう（?）に見えるのでしょう、私にあたった学生は最初は一様にほっとする表情をしますが、見逃しません。しかも私も学生が気を許すように話しかけます。怖いですね。もちろん話しやすい雰囲気を作っているのですが、なかには私を面接官とは思わず、受付の担当としか思っていない人もいたくらいです。

その後面接をしたなかから1次通過者を出していきますが、通過者が一番少ない「鬼の面接官」呼ばわりでした。その基準は秘書検定で学んだことも大いに役立ちました。迷ったときの究極の決断は、「この人と一緒に仕事がしたいかどうか」。まさに人柄重視！有名大学出身でも、いくら筆記試験の点数が良くても、どれだけすばらしい資格を持っていても、「人柄」にはかなわないのです。ビジネスの場で求められる、感じの良さ、人柄は、態度や話し方を通して表現されます。さらに、その人から伝わってくる目には見えないものを感じ取っていたといってもいいかもしれません。

この経験が、のちの大学生や専門学校生への就活セミナーにつながっていました。すべての履歴書に目を通すため、珍しいエピソードも今ではネタの1つです。証明写真で目立ちたいあまりに着物姿だったり、ピンクの蛍光ペンで枠取りしてあったり。経験がすべてネタになっています。

SECTION 3 会社退職後に待っていた思いがけないチャンス！

鹿児島から、いざ新潟へ

仕事と子育ての両立もなんとかこなし、秘書として、また総務部副部長として仕事をすることにやりがいを感じていたとき、夫が新潟で勤務することが決まりました。定年まで勤めあげるつもりが、突然軌道修正せざるを得なくなります。人生またも、そう甘くはありません。

子どもが小さかったことや鹿児島から遠すぎるからこそ、単身赴任という選択肢はありませんでした。アナウンサー16年、秘書5年、21年間走り続けてきたことに悔いはありませんでしたが、素晴らしい上司、楽しい同僚たちとの別れは辛く、後ろ髪を引かれる思いで故郷鹿児島をあとにしたのでした。

そもそも当時は、新潟に1人も知り合いはいませんでした。鹿児島放送と同じテレビ朝日系列の株式会社新潟テレビ21から声をかけてもらったのは、鹿児島放送の社員それぞれが、UX新潟テレビ21の知り合いに、「今度こんな人が新潟に行くよ」と伝えてくれたためです。つくづく人と人とのつながりの大切さを実感し

たものです。当初は、新潟でテレビ復帰する、という
か復帰できるとは思ってもみませんでしたので、「テ
レビ局見学をして、飲み友達を探しに行こう」くらい
の気持ちで訪ねました。

ところが、人生おもしろいものですね。私の目の前に現れたのは、報道局長に報道部長、さらには役員の方々。なんだかおかしいと思った世間話の後は、スタジオに入り、昔取った杵柄《きねづか》です。ニュース原稿を読んでカメラテスト。久しぶりのスタジオに緊張して、若い女子アナのような声を出してしまった自分にびっくりしました。スタジオから出て、ニュースを読んでほしいとオファーを受けたとき、若くない女子アナを採用する新潟テレビ21の懐の広さに驚いたのでした。

衝撃の新潟デビュー！

迎えた新潟での初めてのオンエア。平成22年10月のことです。それは衝撃の新潟デビューでした。9時20分に出社。6分後の9時26分に上越地方で震度5弱の地震が起こります。東日本大震災の半年前のことです。その当時は、震度5弱以上の地震が起こったらマスターカットをする決まりになっていました。マスターカットとは、「番組の途中ですが」と番組途中でニュースを伝えるあれです。

出社して6分後に地震が起き、その5分後にはスタジオに入って、「番組の途中ですが、地震のニュースをお伝えします」で始まり、記者がどんどん渡す原稿やデータを読んでいきます。周りはバタバタしていますが、度胸が据わると冷静な女に変身します。アナウンサーはすべてのスタッフのアンカーであるという責任感だけは、長年の経験で身についていました。

さらにローカルニュースを読んだあとは、全国ニュースのキャスターから「新潟の田巻アナウンサー」と呼ばれ伝えたわけですが、一番驚いたのは新潟テレビ21の社員でしょう。その日からニュースを読むことは

知っていても、画面を通して初めて対面した社員がほとんどです。しかも全国ニュースですので、鹿児島放送でも突然の出演に騒然となったそうです。大きな被害がなかったのが幸いでしたが、この1回で新潟テレビ21の社員、新潟県民にはご挨拶ができました。

このように、報道の現場はとにかくハプニング続きですが、それが当たり前であまり動じなくなりました。現在も毎週日曜日を中心にニュースを担当していますが、「スタジオに入っても原稿がない」など、たまに悪夢を見るのは職業病でしょうか。辞めたくなかった鹿児島放送を辞めたら、好きなアナウンサーの仕事に復帰できた皮肉な話です。人生本当におもしろいですね。

元落ちこぼれ秘書、大学の教壇に立つ！

新潟でのアナウンサー生活は、ニュースを読むことを中心に、披露宴やイベントなどの司会、CMのナレーションなど少しずつ増えていきましたが、当初は、週に1、2度あるかないかの仕事。21年間も会社員として走り続けてきた私にとって、想像を超える退屈な毎日で、つくづく専業主婦には向かないと感じていました。退職したらプロの主婦だ！　なんて思っていましたが、3日で飽きて、というより時間だけはたっぷりあるのに家事をしっかりこなすことができませんでした。本気になれば主婦の仕事がどれだけ大変か、しっかり家事をこなしているプロの主婦には頭が下がりますが、あえて落ちこぼれ主婦の道を選びました。

そして、アナウンサーだけでなく、総務や秘書としての経験が役に立たないかと思い始めたとき、見つけたのです。「大学での秘書検定対策講座を担当できる講師募集」の文字でした。履歴書や職務経歴書を作り面接へ。まさか45歳で仕事の面接を受ける日が来るとは思いませんでした。教員資格があるわけでもなく、教壇に立ったのは小学生にアナウンス指導をしたときだけ。現役アナウンサーであったことと、なんといっても決め手は「秘書検定1級」の資格でした。こうして私は、新潟市内から程近い新発田市にある敬和学園大学で教壇に立つことになったのです。

秘書検定対策講座「田巻塾」の開講と塾生の思い出

敬和学園大学で教壇に立ち、これまでたくさんの学生たちが通称「田巻塾」を巣立っていきました。小規模でアットホームな雰囲気の大学ならではの手厚いキャリアサポート。キャリアサポート課での就職指導は、学生1人ひとりを見守る体制です。素直な学生たちが自分の夢や目標に向かっていく姿に寄り添うのは嬉しいことですが、自分で道を切り開いていく覚悟だけは持ってほしいと、田巻塾では毎度人生を語ります。試験に向けて覚えてほしいことより、余談のほうが記憶に残るもので、「試験には出ないけど」の一言で皆私を見ます。おもしろいですね。塾生の心のどこかに残っていてくれればと、大事なことを余談で話す私です。

毎年2級・3級講座と準1級講座を開講しますが、社会人でもなかなか難しい準1級の合格を手にする学生も出て、嬉しい限りです。特にここ数年は、女性だけの資格ではないと推薦し続けた甲斐もあり、受講する3分の1が男子学生。準1級に挑戦する男子学生も増えています。

男子学生が初めて準1級を取得したときは感慨深いものでした。2級講座のときからまじめに学んでいた学生でしたので、準1級に挑戦すると聞いたとき、必ず合格すると感じていました。私の直感はかなりのものです。筆記試験突破後に面接試験へ。身だしなみ、ドアから入ってくる雰囲気や挨拶にお辞儀、歩き方に椅子への座り方、ハキハキした言葉遣い、上司、お客様への対応、そして、なんといってもその人から伝わってくる「感じのよさ」です。

発声練習なども取り入れて、徹底して面接指導をした結果の合格でしたが、ひとつ注文を出したのは髪を黒く染めること。金髪に近い茶髪も似合うなかなかのイケメンでしたが、3年生の彼にとって就職活動も目前。鹿児島放送で面接官をしてきた経験からも第一印象の重要性を伝えました。彼は一度の挑戦で合格を手にし、現在、溌剌《はつらつ》とした社会人生活を送っています。入社して間もないころに久しぶりに電話で話すと、自信と希望に満ちた声が聞こえてきました。明るくハキハキと「かしこまりました」と彼の口から聞いたとき、ああ、社会人として立派にやっているのだと母親のような気持ちになったものです。秘書検定で学んだことが今後必ず彼の人生で役に立つと信じています（板垣政太郎さんからの嬉しいお言葉は、ＰＡＲＴ ４末のインタビューコーナーでご紹介しています）。

田巻塾の塾生のなかからもう1人。先にご紹介した板垣さんと同じ講座で学び、社会人生活をスタートさせた女性。彼女も2級取得後に準1級に挑戦しました。しかし、筆記試験には合格したものの、面接試験では緊張のため力を発揮できずに残念な結果に。その後、再チャレンジして合格を手にしました。面接指導は一対一で行いました。緊張でどうしても硬くなってしまう表情を柔らかい雰囲気に変え、しっかりと届く声になるよう何度も繰り返し練習しました。将来の夢や就活中の悩みも聞きながら練習したのも懐かしい思い出です。あきらめることなく再チャレンジした気持ちが嬉しく、それを乗り越えたことも今の彼女を支えていると信じています（笠原やよいさんからの嬉しいお言葉は、ＰＡＲＴ ４末のインタビューコーナーでご紹介しています）。

SECTION 4

元秘書、元面接官、現役アナウンサーだからできること

鹿児島放送時代の元秘書、そして元面接官としての経験、さらにフリーでありながら報道の現場に携わるニュース担当アナウンサーとして、新潟での仕事は少しずつご縁をいただくようになります。

大学での秘書検定対策講座だけでなく、企業などでは、元秘書だからこそできる秘書検定をもとにしたビジネスマナーや接遇の研修。大学生や専門学校生向けに、元面接官だから言える面接攻略本だけではわからない裏話。就活前のマナー講座でも新潟県内のたくさんの学生たちに会うことができました。面接でハキハキと自分の言葉で話せるよう、言葉遣いや話し方を中心にした講座では、アナウンサーの発声練習を取り入れました。発声練習は仕事のうちのアナウンサーにとって、おもしろいなんて一度も思ったことはありませんでしたが、意外にも多くの学生や受講生が「声と話し方」で伝わり方がまったく違うことを実感し、興味を持ってくれたのです。「声と話し方」でも人生は大きく変わるのです。PART 5で触れることにしましょう。

そんななか、のちに女性対象の講座「魅力塾」を主宰するきっかけになったのが、平成25年度に担当した

新潟市「再就職を目指す女性のためのスキルアップセミナー」講義風景。
自信を持つことで輝き前を向く姿に背中を押されました。
この出会いが「魅力塾」誕生につながっていました。

新潟市「再就職を目指す女性のためのスキルアップセミナー」でした。結婚や子育てなどで一度離職し、再就職をしたい女性たちがビジネスマナーなどを学び、職場研修を経て社会へ出るきっかけを作るものでした。3か月間を3クール、約30人の女性たちとの出会い、それが、私がさらに一歩踏み出すきっかけになったのです。

SECTION

5

女性の生き方を支援する「魅力塾」誕生

1万人以上にインタビューしてきた生涯アナウンサー&元秘書としてコミュニケーション、話し方、ビジネスマナーなどを伝える

「再就職を目指す女性のためのスキルアップセミナー」を受講した女性たちは、さまざまな職種での経験がありながらも、結婚や子育てで家庭に入り、再び社会に出て行くにも自信がないと口にしました。

こんなに素敵な新潟の女性たちが「自分に自信がない」と下を向くのはもったいない、なんとかセミナー修了後はそれぞれの道に華を咲かせてほしいと思ったのです。社会人としての常識や電話応対、敬語の使い方など、再度基本を押さえ自信を持ってもらうために用意したものが、秘書検定2級のテキストでした。

仲間と悩みを共有することで安堵《あんど》し、さらに一定期間学び、職場体験で勘を取り戻したことが自信へつながっていったのです。修了式では、3か月前の人と同じ人なの？　と思うくらいその表情は明るく笑顔が輝いていましたが、頑張ったぶん、最後は受講生も私も涙々。女性が自信を持って輝いていく姿に寄り添えるのはこんなにも嬉しいことなのかと実感しました。

しかもこの女性たち、今でもずっと交流を続け、ランチ会や忘年会などといっては集まり、近況報告をしながらストレスを発散しています。私もその仲間に加えてもらいありがたいものです。悩みを聞き、背中を押し、最後には笑いに変えて、また頑張ろうよと励ま

し合う姿は、「女性は強くたくましく、その姿は美しい」と思うのです。

M＊Fleur～あなたと月の華の道～

そんな女性たちとの出会いをきっかけに、私の心のなかにも少しずつ変化が起きていました。50歳の壁のようなものが見えてきた47歳という年齢になっていました。「48歳年女」を機に、もう一歩踏み出さねばと思ったのです。迷信により出生率が極端に低い１９６６年生まれの「丙午《ひのえうま》」の女は、やるときはやります。

思えば昔から年齢にこだわってイベントを企てました。30歳を目前にして結婚の話もない崖っぷちの女が（当時の30歳はそんな感じで、今ではセクハラ・パワハラともいわれるお言葉もいっぱい頂戴しました）20代最後の思い出に自分を追い込み、フルマラソンに挑戦したのです。自分が一番苦手なものは何だろうと考えた末に思いついたのが、大嫌いな走ることとの克服。

その後、番組でも走ることになって5回完走。5時間を切る結果も出しましたが、現在は、本気になる自分を待っている「走らないランナー」です。

恐れていた30歳の誕生日は、１人でヨーロッパに旅立ち、ドイツのミュンヘンで足止めされるハプニング。しかし、そこで同じく一人旅だった素敵な女性と出会います。千の月と書いて千月《ちづき》さんという名前の女性が、私の華月《かつき》という名前を見て話しかけてくれたのです。不思議な出会いをした私たちは、あれから日本で一度も会っていませんが、年賀状のやりとりが20年も続いています。人生っておもしろいですね。講義同様、また余談でした。

「華月」　暗闇を照らす月のように、それぞれの道に寄り添い光をあて、華を咲かせるお手伝い

話を元に戻して、そんな48歳の年女を迎えた誕生日、私は個人事務所M＊Fleur（エムフルール）を立ち上

げました。Moon、魅力、未来のM。Fleurはフランス語で花、華。私の名前「華月」です。名付けてくれた父からは、華も月も線対称で表から見ても裏から見ても変わりないように、裏表のない正直な人間に育ってほしいと聞いた覚えがありましたが、それに加え、その文字どおり、華やかな月のように美しくあれと思い込んで生きてきました。

ところが最近、ようやく気がついたのです。アナウンサーや講師として、暗闇を照らす月のように、物・事・人それぞれの道に寄り添い光をあて、華を咲かせるお手伝いをするのが使命だと。

そんな私の思いに「あなたと月と華の道」というキャッチコピーを、心友が言霊《ことだま》として授けてくれたのでした。一緒の方向を向いて伴走し、たまには向き合い、たまには歩き、立ち止まり、また一緒に走る。そんな気持ちで取り組んでいます。

こうして、女性たちの道に華を咲かせるための私塾「魅力塾」が誕生しました。

自信とは、自分を信じること

1万人以上にインタビューしてきた生涯アナウンサー&元秘書として、コミュニケーション、話し方、ビジネスマナーなど、私に伝えられることすべてをあなたの魅力にしてほしい。さらに、魅力いっぱいの自分になることで、1つでも自信につなげてほしい。まずは自分を信じること、それが自信であると。

頑張っている自分を認め、まだまだなところを許し、ありのままの自分を受け入れて自分を愛し、周りにも愛を与えられる道を一緒に歩みたい。それが、「魅力塾」の大きな使命となったのです。

「輝きWOMANセミナー」では、コミュニケーション術、マナーのある会話術にビジネスマナー、また、アナウンサーとしての「七色VOICEトレーニング」は人前で話す機会の多い方へ。「差がつくセミナー講師術」や子育てセミナー「言葉は親から子への最高のプレゼント」「子どもを信じて任せる勇気」、小学生向けの「ぼくも私もアナウンサー」など、たくさんの方へお伝えする機会に恵まれています。

女性解放運動・平和運動のパイオニアである平塚らいてうが、女性文芸誌『青鞜』の創刊を祝い、書いた言葉は有名です。

「元始、女性は実に太陽であった。真正の人であった。今、女性は月である。他に依って生き、他の光によって輝く。病人のような蒼白い顔の月である。私共は隠されてしまった我が太陽をいまや取り戻さねばならぬ」。

女性の権利獲得運動を象徴する言葉の1つとして、永く人々の記憶に残ることとなりましたが、そんな先人の功績に感謝しながら、私はあえて自分の名前である「月」として生きましょう。月は太陽がなければ輝くことはできず、私にとって太陽は、家族やすべてのご縁がある人々。さらには仕事やさまざまな経験。その太陽から照らされているからこそ、月として暗闇を照らし、恩返しをしているような気持ちなのです。

SECTION

6

秘書の経験があったからこそ実現！奇跡の出版への道

それは、奇跡の連続でした。「決まりました！」と編集者から連絡を受けたのは、平成28年4月21日。会社の会議で出版が決定した、と。本書のことです。

平成27年の年末に決めていたのです。「50歳の節目に本を書く」と。しかし、その時点では何のあてもありません。出版に関しての知識は…、ないに等しい。

しかし、宝物である人脈にすがり、実際に本を書いた方を紹介してもらうなどして、まずはいろいろな方にお話を聞くところから始めました。「何を書きたいの？　何が書けるの？」「こんなことやあんなことや」。「女性が本を書くと、やっかみ、ひがみ、嫉妬いろいろある」「怖いですね」。「覚悟はあるのか？」「あります」。「売れる本が書けるのか？」「売ります」。「本を出すまで2年かかった」「…（ため息）」。お話を聞けば聞くほど、改めて、出版への道は険しいと悟ります。人生そう甘くはありません。

しかし、本を出版するまでのそれぞれの著者のストーリーを聞くことで、1つのキーワードが見えてきます。「本を書いて人生が変わった」。私のなかでは、あきらめるよりますます覚悟が固まっていったのです。

そうはいいながらも、まずは何から手をつけるか、何をどうまとめるか悩む日々。自分に人と違う何が書けるのか。その答えをなかなか自分で決めかね、現実味もなく、モヤモヤと1か月、2か月が過ぎようとしていました。

「言葉は言霊、口に出すことで引き寄せる」。そんな思いで信頼のおける人に口にしていたある日、運命が回り始めたのです。そのチャンスは突然やってきました。新潟で本を出した方の出版パーティーがあり、県外からも著者が参加。出版コーディネーターも来るらしい…。失礼な話、そのときはどなたが本を出したかすらわからないまま、直感に直観をプラスして「行くしかない！」と、突然の情報にとまどいながらも、行動あるのみで新潟市郊外へ車を走らせました。

5分間の奇跡の連続 山頂に旗を立てたら、未来が動き出す

東京へ帰られるところを待っていただき、ギリギリセーフでご挨拶。たった5分、名刺交換してお話しただけでした。「あなたは鹿児島なの？　私は長崎平戸よ。九州人同士じゃない」と偶然にも九州人であったこの方との出会いが、のちに私に大きなチャンスを与えてくれます。書籍出版コーディネーターの小山睦男氏との出会いでした。「出版企画書は？」と言われ、そもそも何を書くかも迷っていた私に企画書なんてありません。あるのは簡単なプロフィールと笑顔だけでした。

すぐにお礼のメールをし、お会いして2日後には行動を起こして上京し、小山さんに会っていたのです。しかも、お互い偶然にも時間ができたから会えた奇跡でした。だからといってすぐに何かが始まったわけではありません。そもそも私は企画書も書いていない落ちこぼれ著者候補でした。本を書きたい著者候補なら企画書があって当然のところを、今思えば恥ずかしい話です。お話して、また改めて出版の厳しい現実を知ることになります。人生、そう甘くはありません。

さらにその2週間後、小山さんの300冊プロデュ

ース記念のパーティーに引き寄せられるように参加しました。呼ばれてもいないのに参加させてほしいとお願いしたのです。とにかく動き、著者の話を聞いて勉強しよう。そんな思いだけでしたが、相変わらず、未だに企画書を書いていない落ちこぼれ著者候補。小山さんも呆れていたかもしれません。

しかし、そこで出会ってしまったのです。運命の君に！　著者や編集者10人以上のゲストが登壇し、お祝いのメッセージなどを話していました。出版社の編集者で、自社の本のことなどを誠実に話すその姿にビビビと直感でこの人だ！　その方こそが、本書の編集担当者となる株式会社中央経済社の飯田宣彦氏だったのです。

名刺交換、それも、たった5分お話しただけです。しかし帰り際に、再び飯田さんに声をかけられます。真面目に語り出したその空気は、冗談ではないとわかりました。「「秘書」に関連する本が書けませんか？」。その一言から始まりました。検定・資格関連の本を手掛ける担当者だったのです。私のなかでは、「秘書」「秘書検定」というキーワードが狭い範囲のような気がして、本には結び付いていませんでした。

しかし、その運命の君が「アナウンサーと元秘書と秘書検定」と少し変わった視点を見つけてくれたのです。たしかに私にしか書けない視点かもしれませんし、就活セミナーや企業研修などで私が話していることは、アナウンサーと元秘書の経験や秘書検定のスキルが基本です。思い悩んでいたモヤモヤの霧が一気に晴れて、視界が開けてきました。この日のために今まで書かなかったのかとポジティブに受け止め、ここから一気に企画書を書きあげました。何が求められているのか、そのときの私にできる精一杯の企画書を提出し、すぐに社内の会議にかけられました。飯田さんに出会って1か月半後、本を書くと決めた4か月後に、奇跡の出版が決まったのでした。

いつかこうなればいいな、運がよかったらこうなれるかもしれない、ではなく、目的である山頂に旗を立てたとき、未来が動き出す。山頂に行くためにはいろいろな道がある。直線距離ではなく、曲がりくねっているかもしれません。

目的を目指すために、そこに道しるべである目標がある。これをやる！ こうなるんだ！ と覚悟を決めた瞬間から未来が動き出す。そうして夢や目標を達成してきた人を、私はたくさん知っています。その山頂上に立ったとき、そこに立った者にしか見えない、次の山がまた見えてくるのでしょう。

「うさぎと亀の話」。うさぎはいつも亀を気にして見ていたけれど、亀が見ていたのはうさぎではなく山頂だという話を聞いたとき、納得しました。

他人と比べず、自分にとっての旗を見続けることが、自分に勝つことなのでしょう。

奇跡の出版が決まったあとは、私にとっては茨《いばら》の道でした。しかし、それをいつも「大丈夫」と励ましてくれた応援団長のような飯田さんにいつか聞いてみようと思います。少し変わった肩書きであったとしても、なぜ会って5分で私に依頼しようと思ったのか、今のところ、怖くて聞けません。御礼を言うのは最後にとっておきましょう。人生は本当におもしろいですね。

アナウンサーを辞めて秘書になったことを恨んだこともありましたが、必要に迫られて取得した秘書検定があったからこそ、今こうして本書を書くことができた。まさに「秘書検定で人生を変えた」のです。

秘書検定
過去問にチャレンジ！
❶

記述問題 【マナー・接遇】
次は秘書A子が，来客を応接室に招き入れている絵であるが，来客が不審げな顔をしている。①それはなぜだと思うか。また，②A子はどのようにすればよいかを答えなさい。

（3級試験問題より）

解　答　①内開きのドアを，外から押さえて客を招き入れている。
②内開きのドアの場合は，A子が先に中に入ってドアを押さえ，客を招き入れるようにする。

秘書検定
過去問にチャレンジ！
❷

選択問題　**【マナー・接遇】**

秘書A子は，上司の使いで取引先の部長を訪問した。書類を受け取るだけだからと断ったが，応接室に案内された。下図は，案内された応接室のレイアウトである。この席にと特に勧められなかったA子は，部長を待つ間どの席に座って待つのがよいか。次の中から適当と思われるものを一つ選びなさい。

1）①
2）②
3）③
4）④
5）⑤

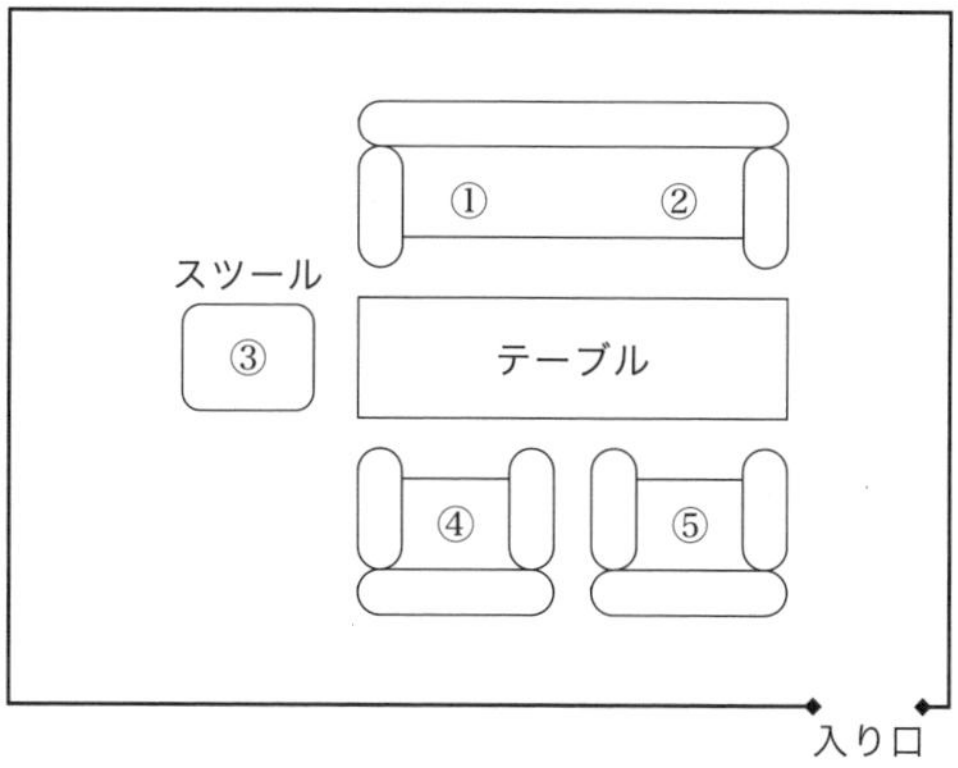

（3級試験問題より）

解　答　5

　このように席を勧められなかった場合は，入り口に近い末席に座るのが控えめで感じがよい。従って，⑤が適当ということである。

INTERVIEW

1

転機をチャンスに変えて人生を豊かにする

桐明 桂一郎 氏
株式会社鹿児島放送
元代表取締役社長

私たちは何度か自分の人生に影響を与えるような転機に出会います。それも、幸運と思えるような転機もあれば、不運と考えてしまう転機もあり、さまざまです。いずれにしても、その転機を、むしろチャンスととらえて前向きに対応できるかどうかが、その後の人生を大きく変えていくことだけは間違いありません。田巻華月さんの生き方を見ていると、転機に出会うたびにそれをチャンスに変えて、自分の人生を豊かにしてきたのではないか。この本を読まれた方はきっと、そんな感想を持たれるはずです。

田巻さんが入社したＫＫＢ鹿児島放送は、当時開局8年目の新局でした。これも田巻さんにとっては大事な転機だったでしょう。もし、東京のテレビ局にでも就職していたら、今の田巻さんはなかっただろうし、こういう本を書くこともなかったでしょう。

田巻さんはＫＫＢで、憧れのアナウンサーの修業はもちろん、番組の企画や制作などにも積極的に関わり、スキルを磨いていきました。主婦層を対象にした長寿番組も生まれました。もともと闊達《かったつ》で人当たりのいい性格でしたが、仕事には厳しかったようで、一緒に働いた仲間の印象では、「集中力があって、時にはがむしゃらに仕事に打ち込むタイプ」だったようです。特に、テレビの画面で「いかに見せるか」にすごくこだわっていたといいます。間もなく、「ＫＫＢに大平（旧姓）華月あり」という存在になっていました。

そんな田巻さんに転機が訪れます。私の社長時代でしたが、その年の人事異動で田巻さんを社長秘書として総務部に異動させる案が上がってきました。当然、ご本人にとってこの人事は不満でしょうし、周囲からも、「ベテランの田巻さんを報道制作部門から外されては困る」といった声もありましたが、私はこの人事案に賛同しました。当時、わが社だけでなく全国のテレビ局で女性役員のいる局はほとんど皆無に等しい状況でした。テレビのお客さん、いわゆる視聴者の半分以上は女性であり子どもたちです。そのテレビ局の経営には当然、女性の感覚や感性が必要なはずです。だから、私は社長に就任したときから、自社で女性役員を育てたいと思っていました。田巻さんはまさに、その有力候補になれる人材だと考えたわけです。

田巻さんが社長室に着任の挨拶に来たとき、私はテレビ局にはこれから女性の管理職や役員が必要になること、そのためにはいくつかの部署を経験して会社全体のことを勉強してもらわねばならない、といった話をしました。田巻さんに私の話を理解してもらえたかどうか、気にはなっていましたが、私が社長を退任して数年後、田巻さんが秘書検定１級という最高の資格を取得されたという話を聞きました。どんな転機であれ、それをチャンスに変える田巻さんのチャレンジ精神は健在でした。

その後さらに大きな転機に遭遇。ご主人の仕事の関係で会社を退職、新潟に転居することになります。専業主婦として落ち着くのではないかとみられたのですが、それは大変な見当違いでした。むしろ、転機をチャンスに変えるチャレンジ精神が全開し、今や数多くのチャンスを手にしての大活躍です。

私は、田巻さんのまさに華々しい活躍に心から敬意を表します。ただ、田巻さんにはわが社の女性役員第１号になってほしかったな、という未練がましい思いがあることも正直に申し上げておきたい。

26転び27起き 夢はあきらめたときに夢になる

私「26転び27起き！　26回泣いて27局目でアナウンサーになったの！」

学生「え～!?」

アナウンサー試験だけを受け続けた私は、鹿児島放送の内定を手にするまで、履歴書の段階で落ちては泣き、1次・2次を通過しても重役には会えない日々に泣き、最終面接までいってもさようなら。結局26社とご縁がなく、27社目で内定をいただきました。就活セミナーで必ず話すエピソードです。当時は今以上にアナウンサーブームで、その倍率はキー局で数千倍と気が遠くなるほど。

落ちるたびに、泣きながら東京のイルミネーションを眺め、この灯りの下にもっともっと人がいるのだから、1社に1人や2人しか入れない試験に落ちても当たり前。必ず、私を必要としてくれる放送局があるに違いない。今落ちているのは、その放送局に出会い合格するため。そう自分に言い聞かせ、26回泣いて27回目でようやく笑って嬉しくて泣きました。夢を追いかけていた東京に行くと、今でも元気になれます。

「山頂に旗を立てたら、未来が動き出す」。高校2年生で立てた高い山の旗に辿り着いたのです。アナウンサーになることは目的。26回の不合格は失敗ではなく経験の道しるべ。夢はあきらめたときに夢になると信じていました。そして今改めて振り返ると、アナウンサーは、ゴールではなく人生の山登りの途中、人前で話すスキルなどを習得するための目標。今の私に必要な道の途中の道しるべだったのです。

なぜ、あきらめなかったのでしょう。大学2年生のとき、保証人倒れで父の事業が立ち行かなくなり、大学を辞めなければならない緊急事態に陥りました。その窮地を、通っていた女子大が返済不要の奨学金という形で手を差し伸べて救ってくれました。アナウンサーになるために大学卒でなければならないと掛け合ったのです。思えば、このときから直談判していますね。成績も芳しくない本物の落ちこぼれに卒業の道を与えてくれたのです。アナウンサーになると言った以上、大学への恩返しは、アナウンサーになること。そしてさらに、26回も不合格の落ちこぼれアナウンサー候補を本物のアナウンサーにしてくれた鹿児島放送へは感謝と愛社精神が生まれたのかもしれません。

鹿児島放送に入るために26社落ちたと思えたのです。私をアナウンサーにしてくれた局への精一杯の恩返しは、故郷鹿児島で愛されるアナウンサーになることでした。だからこそ、異動の際も本気で辞める選択はできませんでした。

就活の面接はまさに「お見合い」です。1社、2社に不採用だっただけで自分を全否定してしまう学生もいますが、「お見合い」だからこそ、面接官や会社が求める人材との相性もあり、内定が出ないのはごく普通のことなのです。逆に、売り手市場で簡単に内定を手にし就職後に厳しい現実を知り退職してしまう新社会人も多く、3年以内の離職率の高さも問題です。就職試験で1度や2度ご縁がなかったとしても、きっと自分を必要としてくれる所があると信じて、成長できたと思う心の強さを身につけてほしいのです。きっと、私のように26回も落ちる人はなかなかいないでしょうから（笑）。

大学での講義風景。「何社落ちたと思う？」と聞いて返ってくる答えは「5社？」「10社？」。自分にご縁がある会社に出会うために落ちたと信じていました。

PART

2

「秘書力」で
ビジネススキルアップ！

秘書検定は職場常識の宝庫

SECTION 1 秘書ってどんな仕事?

さて、ようやく「秘書力」を語りますが、あまり堅苦しくならないように、また雑談しながらいきましょう。

そもそも、「秘書」と聞いてどんなイメージをお持ちでしょうか? 「上司を補佐する縁の下の力持ち」で、陰に徹する仕事ですが、「仕事は秘書です」と言うと、決まって「かっこいい!」「素敵!」などと言われ、華やかなイメージを持つ方も多くいらっしゃいました。テレビドラマなどの影響でしょうか。

しかし、現実はそう甘くはありません(何度目でしょう、この言葉)。特に企業の兼務秘書の場合は、総務の仕事が山積しています。秘書に代わる言葉は何かと考えれば、「総務のプロ」かもしれませんが、私自身はそこまで言いきれないのが恥ずかしいところです。

秘書が補佐役ということは、上司あってこその秘書。秘書が単独で存在することはないわけです。日本には上司の職種によってさまざまな秘書の種類がありますが、本書では、私が経験してきた企業での役員秘書として話を進めます。

陰の仕事に徹する秘書が華やかに思われるのは、トップマネジメントの仕事ぶりを間近で見られ、また、社内外の第一線のビジネスパーソンと接することができる点にあるのかもしれません。たしかに、社長秘書としてお迎えするお客様は、他社の社長をはじめ役員の方々。私個人がお会いしたいと思っても、もちろん簡単にアポイントメントが取れるわけではない方々が、先方から会いに来てくださるわけで（私ではなく重役にですが）、これは秘書としての大きなメリットです。この点は、なかなか普通ではお目にかかれない人物に会うチャンスがあるアナウンサーの仕事とも共通しているかもしれません。どんなに大物であっても、どんな方なんだろうとひるまず、強引に会話を成り立たせたのは、今思えば図々しい秘書でした。

県知事や各市長をはじめ、取材でお世話になった方々をお客様としてお迎えすると、秘書になった当初は決まって「あら、アナウンサーがどうして？」と気軽にお声をかけていただきました。私のことをご存知であれば、それに適した対応で。また初めての方であれば、その雰囲気を見ながら「今日も暑さが厳しいですね」などと切り出しました。シーンとした廊下を重苦しい雰囲気でご案内するのではなく、応接室までの短い会話で和んでいただきました。社長や役員が来るまでのつなぎの間の短いコミュニケーションですが、重役へバトンタッチをする小さな補佐の1つでした。

その隙間の会話のなかで、外回りの暑いなかにいたから冷たい麦茶などがいいのか、冷房のなかでは熱いお茶にしたほうがいいのか、常連のお客様であれば、珈琲など気軽にお飲み物をお聞きするなど、私なりの秘書としての技を身につけていったのです。

また、お客様のほうから、社のイベントの質問など、あえて重役に聞くまでもないことや事前に知っておきたいことなどを聞かれることもありました。聞きやすい雰囲気を作ることにも努め、上司との会話が弾むためのネタの提供など、それはちょっとしたことですが、人と人を結ぶパイプ役、潤滑油として、重要なコミュニケーション力を要する場面でした。

SECTION 2

「秘書検定」とは?

「秘書技能検定」(通称「秘書検定」)は、はじめにお伝えしたように、過去約700万人が受験し、そのうち約380万人が合格を手にしている検定試験です。志願者数は760万人を超え、受験はせずに、ビジネスマナーの授業などで学ぶ人も考えれば、相当な秘書検定学習人口になります。

公益財団法人実務技能検定協会が1972年から行っていて、文部科学省が後援する5つのビジネス系検定の1つで、40年以上の歴史がある最も人気のある資格といっていいでしょう。

ざっと計算して、合格率は約53パーセント。案外難しいと感じた方も多いかもしれませんね。1級、準1級、2級、3級トータルの合格率です。1級、準1級は1次の筆記試験の合格者が面接試験に臨み、合否が出されます。毎年2月、6月、11月の3回実施(ただし、2月は2級と3級のみ)。合格率は、若干変動しますが、参考までに平均で3級64%、2級58%、準1級42%、1級27%です(2019年度)。

3級でも6割と聞いて挑戦するのをためらうか、それとも、誰もが取得できないからこそ挑戦する意味があると考えるかは自分次第です。簡単ではないからこそ企業が認め、また、取得までの道を乗り越えることで自分に自信が持てるのです。

現に、2級合格者の調査で「秘書検定に合格して良かった点は？」という問いに、33％が「仕事に自信が持てた」と回答しています。次に約28％が「仕事上役立っている」、その他「就職や転職に有利になった」約10％、「職場での評価が上がった」約4％、「特に変化はない」が13％ですが、2級の受験者の約8割が学生であることから、社会に出てようやく実感するときが来るのかもしれません。

高校生の受験が多い3級の公式テキストには次のように記されています。

「学生さんにとっては会社常識などは初めてのことでしょうし、社会での身の処し方（社会性）などは今までは気にすることはなかったでしょう。しかし、このことは、これから社会人になるについての土台になることで、土台がなければ家が建たないくらい重要なことなのです。秘書検定3級は「初歩の会社常識」といえます。就職すればそこは職場社会です。上司の指示はどのように受ければよいのか、言葉遣いはどのようにするのかなどが、職場常識の宝庫である秘書検定を通して、あらかじめ身に付けておくことができるからです」。

（公益財団法人実務技能検定協会編『秘書検定集中講義3級〈改訂版〉』から引用）

社会人になってから受験した私は、3級で基本を学び、2級から受験しました。

受験者のなかにも、3級は易しいので実際は2級から受験する人が多いようです。私が担当している大学での秘書検定対策講座も、2級・3級対策としながらも3級は受けずに2級に挑戦する学生がほとんどです。3級を受験しないにしても、2級、準1級と取得していく際、原点に戻らなければわからないこともあるため、やはり基本があってこそ。公式テキスト上、すべての級で範囲は一緒でも、食事のマナーや折れ線グラフ・棒グラフの書き方は3級で学んだ後は、わかっていることとしてそれ以上の級には出てきません。

応用は基本を実際に使うことをいうため、職場社会のほとんどが応用の世界ということになります。特に社会人経験のない学生の皆さんには、やはり基本である3級から学ぶことをおすすめします。

ハイヤー乗務員から医療機関、保育士＆幼稚園教諭、プロのトラックドライバー！職種を問わずマナーが求められる時代

日本を代表するタクシー会社では、ハイヤー乗務員が「運転もできる秘書」を目指して秘書検定で学び、さらにはビジネス系検定の1つであるサービス接遇検定も自主的に取得している事例があります。ハイヤー乗務員のみならず、VIPに対応するために、タクシー乗務員もヒューマンスキルのレベルアップのために多数挑戦し取得している実績を聞くと、ぜひそのタクシーに乗ってみたいと思ってしまいます。

秘書サービス接遇教育学会の研修会などでお会いする先生方にお話を伺う機会があります。例えば大学の医学部でも、将来、医師として患者さんに接するマナーとして、秘書検定をもとに社会人としての常識を教えているそうです。たしかに、医学の知識があるのは当たり前で、そこに医師の人柄を求めてしまいます。看護や介護の現場でもマナーは不可欠です。

また、私は保育士さんや幼稚園の先生方へのマナー研修も担当しています。言葉遣いや態度、振る舞いなど社会人としての常識やマナーは、保護者とのコミュニケーションを図るうえでもとても重要です。息子を保育園、幼稚園どちらにもお願いしたことがある保護者の立場だからこそお伝えできるネタも。先生方と保護者の良い人間関係が子どもたちの笑顔につながって

一般社団法人日本トラックドライバー育成機構でのセミナーの様子。
どんな業界にもマナーは必要不可欠。「なぜマナーが必要？」。マナーが何につながっているのかを考えます。

いると力説しています。

さらには、平成28年度から一般社団法人日本トラックドライバー育成機構のマナーインストラクターとしてカリキュラム作りから参加して講義をしていますが、トラックドライバーがマナー？　と驚かれることもしばしば。この育成機構では、初任運転者特別指導を網羅した認定コースを開講していますが、その中で必要なマナー・モラルを担当しています。運転し荷物を運ぶだけでなく、プロのドライバーとは？　を問いかけます。スキルとマインドとマナー・モラルが備わってこそ真のプロドライバーであり、荷主に指名され、荷主に好かれ、荷主に頼られ、同僚からも尊敬される。そんなプロのドライバーが1人でも増えることは、物流を大きく変える力になると思うのです。

このように、今やどんな業界であってもマナーは必要不可欠で、その重要性に気づき、改めて根本から叩き直している企業や団体また個人の未来は明るい、そんな気がしてなりません。

目指すは人柄育成！「感じがいい人」ってどんな人？

具体的な社会人力が身につけば、鬼に金棒！　しかも秘書検定は、「人柄育成」を目指しています。そう聞いて、どのように思われますか？　その目的を知ったとき、私は正直、声に出して仰け反るほど衝撃を受けました。

さまざまな資格試験を探しても、そのスキルを磨くことを目的としていて、「人柄」をなんとかしようと目的に掲げる検定は、私が知るなかではありません。そもそも検定で人柄が育成できるものなのか、半信半疑でしたし、できるとしたらなんて素晴らしい検定なのかと心躍ったものです。

総務部副部長として社員採用試験の面接官をしていた私が、何よりも「人柄」を重視していたことは前にお話ししました。その私の考え方に太鼓判を押されたようで、「あなたに出会えて良かった」と検定テキストに話しかける…ことはしませんでしたが、そのくらいの出逢いでした。

実際に秘書検定の実問題集には、受験する前に読んでほしいと次のようなことが記されています。

「「人柄」のいい人とは、その人と会ったとき「感じがいいな」と感じられる人のことです。

なぜ感じがいいのか。それは「言葉遣い」「話し方」「態度」「振る舞い」などの「人柄の要素」が普通の人とは違っているからです。

この「人柄の要素」はどのようにすれば勉強できるのでしょうか。

秘書検定の3級と2級は人柄の要素を知識として学びますが、それだけではあの人は感じがいいなというところまでにはいきません。例えば話の仕方やお辞儀の仕方は知識だけではできないことでも分かります。

では、どのようにすればよいのか。具体例を一つ挙げます。1級や準1級の面接試験では最初に審査員の前で、面接番号と名前を名乗ります。例えば「面接番号、18番、山田花子と申します。よろしくお願いいたします」と言って丁寧にお辞儀をするのが一般的で良い名乗り方です。が、「面接番号18番山田花子ですよろしくお願いいいたします」と言う（「、」「。」に注意）人がいます。このような人はお辞儀もちょこんです。感じのよさはこれだけで分かりますから、極端ですがこれで合否が判定できるくらいです。

これでお分かりでしょうがこれは知識だけでは出来ないことです。現実の社会で人に求めるものは人柄のよさです。就職試験などでは、人柄のよさが採用の際の選別基準にもなっているほどです」。

（公益財団法人実務技能検定協会編『秘書検定実問題集』から引用）

人柄とは、その人に備わっている性質や品格。性質が良いことや品格が優れていることなどを「お人柄よね」などと表現したりもします。ビジネスの場ではそれとは別の基準で求められる人柄があり、就職試験の面接で人を選ぶ基準にもなっています。感じがいいと思ってもらう要素がもとになっているわけです。言葉遣いや話し方、態度、振る舞いなどの「人柄の要素」が1つでも多く普通の人よりも優れて身につくなら、「感じがいいな」と思ってもらえる確率はどんどん高くなります。となるとやはり、その「人柄の要素」を身につけることができる秘書検定は、人柄が育成できる！　と断言してしまいます。

さらに、内面も磨かれることで、それは表情や服装などに表れ、その人の声やすべての人生経験やスキルなどが話す内容に影響し、その人格を作り上げているといっていいでしょう。

「感じのいい人」が集まると、「感じのいい職場」になり、「感じのいい仕事」が生まれます。感じのいい仕事を提供する感じのいい職場には、さまざまなスキ

【図 01】「感じのいい」サイクル

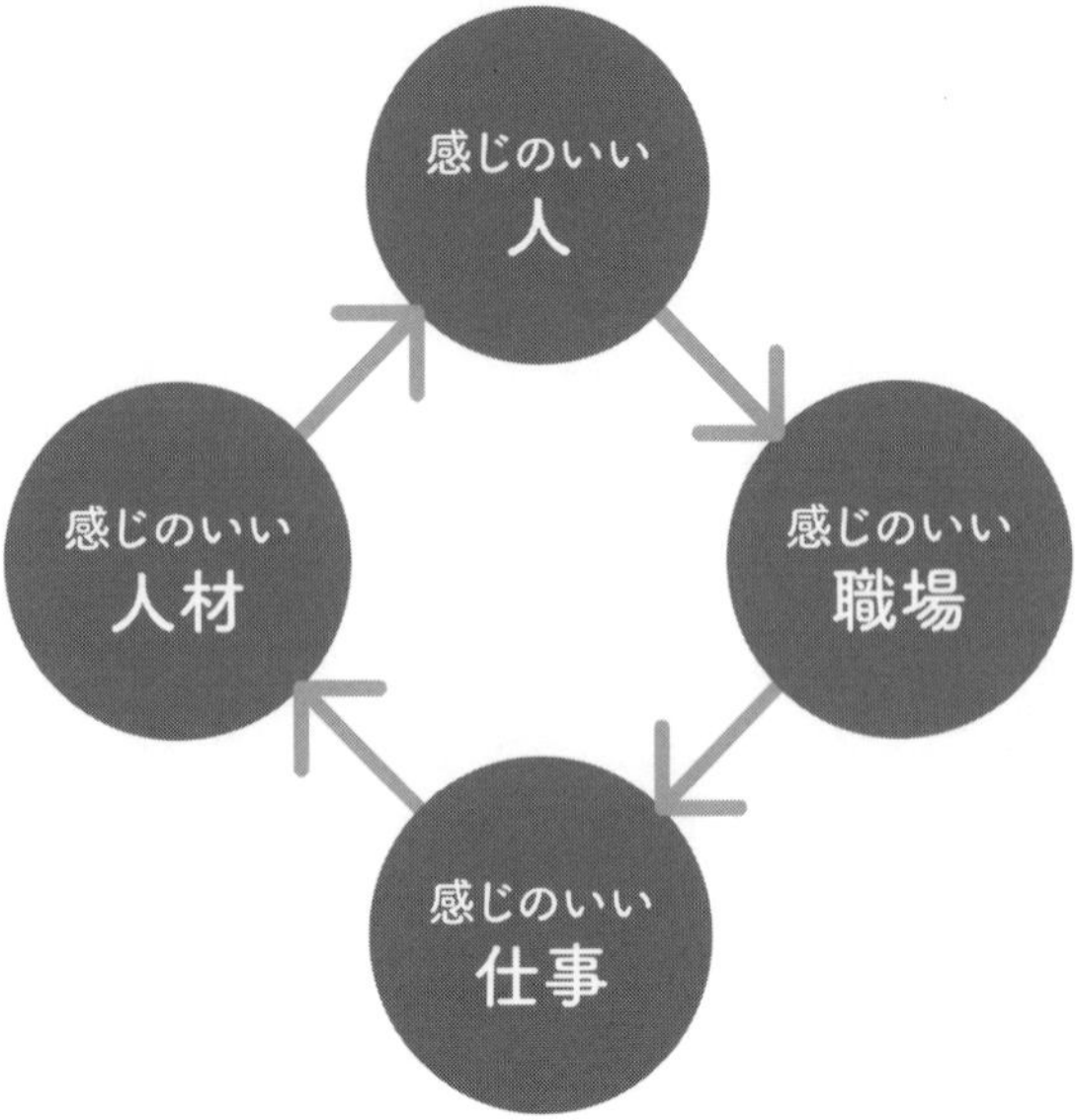

ルを持つ「感じのいい人材」が集まります。「感じのいい」サイクルが上昇気流を生むのです。

5つの領域で問われる社会人力＝秘書力

では、秘書検定では具体的にどのような内容を学び、何を身につけることができるのか、秘書検定審査基準の解説で見てみましょう。

秘書検定はすべての級で共通して5つの領域で社会人力が問われます。必要とされる資質、職務知識、一般知識、マナー・接遇、技能の5つです。このすべてが秘書力につながっています。

❶必要とされる資質

秘書の仕事は上司の身の回りの世話や仕事の手助け。それを適切に実行するための感覚や判断力のようなものが秘書の資質ということです。社会人としての自覚や心構え、補佐役としての心構えや機密を守ることの重要性、仕事を処理する際の心得や秘書として求められる基本能力、後輩の指導方法、要求される人柄と身だしなみなどなど、それがわかっていて実践できれば立派な社会人といえそうな項目が並びます。

❷職務知識

秘書がどのような業務を行い、どのような役割を担っているのか、具体的に学びます。上司と秘書の関係では、職務範囲と越権行為を知ることの重要性。秘書の定型業務と非定型業務。例えば、上司の不在中に面会の申し込みを受けたとき、その場で上司の空き時間を言わない。上司から「取り次がないように」と指示されている場合に、不意のお客様や電話の取り次ぎを断る際、相手に本当の理由を言わないなど、具体的に学びます。実際に職場であるような事例に対してどのようにすればいいのか確認できるため、すぐに実践に結び付くはずです。

❸一般知識

秘書検定って一般知識も学ぶの？　と少々違和感を覚える方もいるかもしれません。上司や関係者が話す言葉を理解できる必要があるからです。補佐をするために知っておかなければならない社会常識や経営管理に関する知識です。経営と組織、人事関連用語にマーケティング、財務諸表や手形に小切手、会社に関する法律、税金やIT関連用語やカタカナ語、さらには印鑑の知識までさまざまです。社会人として広く知識を身につけるための項目が、ここに集約されているといってもいいでしょう。

❹マナー・接遇

秘書力を語るとき、重要な領域であるマナー・接遇。ビジネスの場の礼儀作法であるビジネスマナーは、対人関係を良好に保つためには欠かせないスキルです。上下関係のある人の集まりである社会では、ビジネスマナーを心得ていないと、その一員にはなれないといってもいいでしょう。まずはなんといっても、人間関係の重要性。その人間関係を円滑にする話し方や聞き方では、注意・忠告の仕方や受け方、苦情への対応や断り方の応用まで。また、敬語や接遇用語はもちろん電話応対。お客様に対する接遇に関しては、上司が不在の場合や来客が早く来た場合の対応などさまざまな場面を想定します。紹介、席次、茶菓接待、見送りのマナーはすぐに実践に役立つでしょう。慶事・弔事のマナーやパーティーや贈答、それに伴う祝儀・不祝儀袋の選び方や上書きの書き分けなど、人としての常識を一度に手に入れることができるのです。

❺技能

　文書作成や会議に関する知識など、実務に関して学びます。ビジネス文書として、社内文書、社外文書、社交文書の形式や作成のポイント。時候の挨拶や頭語と結語の組み合わせなど、テキストを手元に置いてあるだけで安心できます。グラフの作り方も基本を知ることができるので、数学の教科書を引っ張り出さなくても済みます（その前に教科書が残っていませんが…）。社会人なら誰もが書いた経験のある出欠の返信はがきの書き方やさまざまな郵送方法など郵便の知識を学ぶのもこの分野です。さらには、ファイリングの方法や資料整理、名刺やカタログ整理。上司が気持ちよく仕事ができるように、環境整備までを知識として頭に入れます。

　ちなみに、事務用品の名前で、私たちがよく使う「ホチキス」「ホッチキス」は「ステープラー」（JIS規格（日本工業規格）では「ステープラ」）ともいうことを知ったのは、この章を学んだときが初めてでした。もともと、アメリカのホチキス氏が考案したものとされ、商標名であると示した資料もありますが、「ホチキス」も現在では「紙をとじる文房具」の一般名称として放送でも使うことができます。余談でした。

資格が仕事をするのではありません

約3年間で8つの資格を取得した私が、秘書検定の必要性をここまで話しておきながら、本書の冒頭でも「資格が仕事をするのではありません」と念押ししたことに、少し戸惑う人もいるかもしれません。資格はいらない、資格なんて取っても無駄と言っているわけではありません。資格取得は、その習得するスキルはもちろん、取得するまでの努力やプロセスがきっと自分自身を大きく成長させてくれるでしょう。一度資格を取得したとしても、世の中の変化に対応し、アップデートしながら新しい知識を習得しなければなりません。学びを重ねる先にキャリアアップが見えてきます。資格があってこその職業やスタートラインもありますが、その資格を活かすも無駄にするもその人次第。

仕事は1人でするものではなく、また1人ではできないのです。どんなに難しい資格を持っていても、人とのコミュニケーションがとれなければ仕事になりません。せっかく取った資格を活かすことすらできないのです。学生が資格取得のために学ぶ姿を応援してきましたし、これからも応援していきますが、資格を持っているから自分が入りたい企業に入れるかといえば大間違い。それなら面接なんていらないのです。資格やスキルが仕事をするのではありません。その資格を活かして、人が人との関わりのなかで仕事をし、共に同じ方向を向いていかなければなりません。学びの積み重ねが自信を生み、自己実現や自己肯定感につながります。そして、良い仕事は良い環境の中で生まれます。それは設備が整っていることよりも、人間同士の環境です。人間関係こそが、社会でのキャリアアップに大きく影響していきます。

人間関係を豊かにする、コミュニケーション力を磨くためには、マニュアルや机上だけでは身につきません。便利だからといってメールで済ますところを、電話や会って話すことも大事な訓練です。

SECTION

3

社会人としての心構え

すべての基本は第一印象と挨拶

「企業は人なり」

企業経営でしばしばいわれる「企業は人なり」という言葉。適切な人を採用し、育て、適材適所で活用することが大切であることはいうまでもありませんが、企業の成長は人の成長によって成り立っていると思うのです。社員の対応によって、その会社の印象が決まるといっても過言ではないでしょう。正社員に限らず、契約社員、アルバイト、パート、契約形態は違っても、お客様から見ればひととくくりに、「〇〇会社の人」。

1人ひとりの営業マンやスタッフがお客様から信頼・信用されることが会社やお店など全体の業績に影響を与えます。

どんなに素晴らしい社員がたくさんいても、たった1人のアルバイト店員の態度でお店の信用がガタ落ちというケースも珍しくありません。たった1人のスタッフの態度で得意客になる場合もあれば、来店しなくなってしまうお客様もいるはずです。

例えば、1人ひとりの対応が素晴らしいといわれるリゾート施設。そのキャストを見て、この人は若いからアルバイトだな、この人は少し偉そうだから社員かも。新入社員かな、5年目くらいかな、なんて見方はほとんどの人はしません。そこで働くすべての人がリゾート施設のキャストとひとくくりです。だからこそ、たった1人のキャストの言動で反響があり、素晴らしいと前評判があればあるほど、期待はずれなことを経験するとすぐに酷評も。誰もがそこに「こうしてくれるだろう」「こうしてくれたらいいな」「こうしてくれるはず」と期待しているからこそ言いたくなるわけですが、一流のサービスを継続して提供するには、並大抵の心がけでは務まりません。たった1人の対応がその会社の印象を決めてしまうのです。あら探しをするクレーマーではない限り、期待の裏返しであるクレームをチャンスとして活かせるかということが企業の成長に大きく影響しています。

普段の何気ない会話ひとつで、お客様がつくか離れるか、学生に実例としてこんな話をしています。

原稿を書くなど、仕事をするときによく利用する珈琲店。現在私が住んでいる新潟にも何店舗かあります。ここで私は決まりきったマニュアルの言葉ではない挨拶をされることがよくあります。しかも、いつも同じ店舗ではなく、同じスタッフでもありません。話しかけてほしいオーラが出ているのでしょうか。「失礼ですが、私のこと、ご存知なんですか？」「どこかでお会いしました？」と聞きたくなることもありますが、まだそこまでボケていません。

今では顔馴染みになったスタッフもいますが、初めて接客してもらう人も多いのです。

「今日はお仕事帰りですか？　お疲れ様です」

「外は暑いですね。今日は店内でゆっくりされますか？」

この程度なら接客の想像の範囲です。

ところが、まったく初めてのスタッフに、「先ほどまで雨が降っていたようですが、なかにいるとわからなくて。もう止んだのでしょうか?」。そんな質問をされれば、「まだ小雨が降っていましたよ」と答えます。「早く梅雨が明けるといいですね」。そんな会話をしながら、「来週から発売になる〇〇、じめじめでも気分さっぱりですのでぜひお試しください」などと言われると、サービス接遇に関心のある私としては、心が躍ってしまいます。私にだけ声をかけているのではないとわかっていても、このお店は1人ひとりを大切に扱ってくれると嬉しくなり、また足しげく通うことになるわけです。

少しずつ顔馴染みになると、「今日はスーツ姿ではないのですね。カジュアルもお似合いです」。なんと、いつも私の着ているものを見ていてくれるのかしら。「いつも珈琲をオーダーされますが、甘いものが苦手でなければこちらもおすすめです」と普段オーダーするものを覚えていてくれる嬉しさ。こうして結んでいく客との信頼関係の積み重ねが会社のイメージや業績に大きく影響していくのですね。

さぞ社員教育が行き届いているのだろうと、とても良いイメージを持っていたある日。上京した際に同じ珈琲店を見つけて入ったのですが、少しがっかりする経験をしました。

新潟でオーダーするものと同じ珈琲をお願いし、少し長い時間仕事をしました。2杯目は安くなることを知っていたので、おかわりをするため最初に注文をしたスタッフのレジに並びレシートを探しますが、ありません。どこかに紛れ込んだのか、でも、2時間ほど前のことなので覚えているはずと思い、大目に見てねと図々しく思ったおばちゃんの私が悪いのは重々承知のうえですが、マグカップを片手に持っているのを確認しているのに、そのスタッフの口から「こちらのお店で注文されたのでしょうか?」と。「…。ええ、あなたから」と言いたいところでしたが、新潟とは違う大都会。2時間のうちに自分が接客した客の顔を忘れることもあるのかもしれません。レシートをどこかになくしたのは私自身が悪いので、1杯目と同じ金額でお支払いしますと言いました。何をオーダーしたかを疑われるのは仕方ありませんが、マグカップは動かぬ証拠。2杯目のお得な金額でマグカップに珈琲が注がれました。しかし、あからさまに首をかしげたのを、おばちゃんは見逃しませんでした。珈琲はいつもブラックですが、このときばかりは、少し甘くしたくなるほど心もブラックでした。

結局「人なのね」と心でつぶやき、1人ひとりの小さな言動が大きな信頼につながっていると改めて思ったのです。もうその店舗に行くことはありませんが、新潟では相変わらず通っています。今もこの原稿を書きながら、スタッフの笑顔の対応に目を光らせているおばちゃんです（笑）。怖いですね。

もともと人間観察が好きな私は、サービス接遇、おもてなしの心が企業のイメージにどんな影響を与えるのか興味があり、いろいろなお店で接客を観察しています。ただ単に、歳を重ねたおかげで、おばちゃんとして文句が言いたくなったり（言いませんが）、気になることが多くなっただけかもしれませんが、要注意人物です。自分1人のときだけでなく、息子と食事に行っても、「今の接客、どう思う？」と振られる小学生の息子もたまったものではないでしょう。しかし、最初のうちは「笑顔が良かったね」「明るい感じで良かった」と言っていた息子の感想が「声が小さくて聞こえない挨拶は、していないのと一緒だね」と辛口に。少々嫌な親子に要注意です。

第一印象は会う前から決まる？

コミュニケーション力は企業が求めている能力の上位のものですが、そのコミュニケーションに入る前に重要なのが第一印象です。実際に会ったときの印象はもちろんですが、例えば電話でアポを取るときの声や口調、言葉遣いや雰囲気での印象、メールであれば内容や言葉遣いで文字からも人柄が伝わってきます。会う前から第一印象が決まるといってもいいでしょう。会うことが前提でアポを取る場合は、まずはこの段階に命をかけるべきです。

実際には会う機会はなかなかなく、電話やメールのやりとりだけでビジネスの話が進む場合もありますが、やりとりをしているうちに、ぜひこの方に実際お目にかかりたいと思うこともしばしばあります。相手にもそう思ってもらえたら、ビジネスの話はよりうまく回ります。イメージしている第一印象が良いと、会ったときの印象にプラスされます。もちろん、逆になる場合もあることを覚悟しておかなければなりません。

なぜ、第一印象が大事？

最初の印象は最悪だったけれど結婚した、なんて話も男女の仲では聞きますが、ビジネスでは通用しません。採用試験の面接でも重視される第一印象。

なぜ、第一印象が大事といわれるのでしょう？

「企業は人なり」

お客様が受ける第一印象を重視するからです。このの人がうちの社員になって仕事をするとき、お客様、仕事関係の人がこの人を見てどう思うか。仕事をしていくときに、社会人として第一印象が大事だからです。お客様に、感じがいいな、しっかりしているな、仕事を安心してお願いできそう、信頼感を与える第一歩が第一印象。だからこそ、面接でも第一印象が重要なわけです。面接官によっては、明るい笑顔がいいと思うかもしれませんし、他の面接官はまじめな感じの人がいいと思うかもしれません。面接官の感覚に任されています。それが、面接官との相性、会社との相性。だから、面接は「お見合い」なのですね。

そして面接で試されているのは、学生の側だけではありません。学生から選ばれる企業として、面接官も見られているということになります。私は会社員ではなくなったため肩の荷が下りましたが、面接官になる立場の管理職の方々は、学生に求めると同時に、来てほしい学生に来てもらうために、この人の部下になりたい、後輩になりたいと思ってもらう努力も大事かもしれません。

「外見じゃなくて、中身だよ」と言いたくなるのもごもっともです。男女の仲ならそれもあり。ギャップがより燃え上がる要因になることもありますね。知っています。しかし、ビジネスは外見も仕事のうち。中身を見てほしかったら、まずは外見、見た目が9割です。見た目の第一印象の重要性を再認識しましょう。有名すぎるメラビアンの法則のデータを出すのはやめにして、ここはあえて私の経験から。第一印象は3秒から15秒と「数秒」で決まり、面接同様、態度や会話からだいたい1分でその人の印象は確定してしまいます。内容よりも見た目、声や話し方で第一印象は決まってしまうのです。ビジネスも面接も、そして恋愛も友人関係も数秒が勝負です。

新潟でニュースを読むようになって、報道記者として、企業の合同説明会を何度か取材しました。合同説明会で説明をしている社員の対応は、その企業のイメージを作り上げています。社員も責任重大です。説明する社員の横で、見るからに偉そうな上司が、足を投げ出して踏ん反り返って座っている企業は、学生が避けて通っています。よく観察してみてください。学生の機嫌をとるのは考えものですが、企業側も良い人材を採用するためには、ここぞとばかり、合同説明会に期待の社員を投入すべきです。感じがいい人だな、こんな人が先輩・上司ならいいな、と思ってくれたらしめたものです。ただし、あなたがまだ学生なら、私のようにヘラヘラしながら中身が怖い面接官は要注意です。気をつけてくださいね。

笑顔って難しい

第一印象で「感じがいいな」と思ってもらえれば、

その後のコミュニケーションはとてもスムーズです。

では、皆さんの周りで、感じがいいと思う人はどんな人でしょう。セミナーや講義でこの質問をすると、必ず最初にあがるのがこの答えです。

「笑顔がいい人!」

話の中身ではなく、外見、見た目が重視されている裏付けです。良いイメージとは反対に、怖そう、神経質そう、頑固そう、たった1分ほどで、その人から感じとるものがあるはずです。

表情のなかでも誰もが感じがいいと思う笑顔。大事ですね。しかし、笑顔とは、はははと笑っている顔とは限りません。会話をしながらもほほ笑む、にこやかな表情。男性なら、さわやかなきりっとした笑顔。女性であれば、輝くような優しい笑顔。聴くときの態度も、口を閉じていても口角が上がり、頬にたこ焼きがあるように微笑む。

人の話を聴いているときに口が開いている若者を多く見かけますが、それだけでだらしなく見えてしまいます。男性なら唇をきりっと横に引くイメージで随分印象が違うものです。話す人が話しやすい表情で聴いてあげることも、社会人としてのマナーです。

そしてこの笑顔は、簡単なようで実はとても難しいと感じたのは新人アナウンサー研修のときでした。壁に向かって笑い続けます。そのうち、頬の筋肉がこわばり、ただ頬を上げるだけの見るからに怖い笑顔になっていきます。

近くに鏡があれば、いえ、どうぞ鏡の前に移動してください。自分で良いと思う最高の笑顔を作って鏡をのぞいてみてください。毎度おなじみの顔です。どんな顔をしていますか?

人が笑顔だと認識できるのは、口元、口角が上がっているか、と目元。目と口が連動していなければ、笑顔であると伝わらないのです。手や本などで目から下を隠して笑ってみてください。他の人に見てもらって、笑っているかいないかをクイズにしてもいいでしょう。

一生懸命、口角と頬を上げ、歯を見せて笑うことに集中しても、目が笑っていなければ、とても怖い笑顔です。まさに、目が笑っていなくて怖い…目は口ほどにものを言うのですね。

おしゃれと身だしなみの違いは？

第一印象にも影響する服装。おしゃれと身だしなみ、似ているようでまったく違います。似て非なるこの言葉。

大きな違いは、おしゃれは自分のため、身だしなみは相手のため。

今日は赤い服、花柄を着てテンションを上げよう、髪型はこんなのが好き！　それは自分のため。身だしなみは、相手のため。相手が自分を見てどう思うのか。自分の誠意を表して、相手のことを思い、相手が自分に会ったときに不愉快な思いをしないように、相手目線が身だしなみ。仕事や就職活動でスーツを着るのは、自分の外見をしっかり見せるとともに、取り引き相手や面接官が嫌な思いをしないための心配り。うちの会社に来るのに身なりを整えて来てくれたと思ってもらえるように自分の誠意を伝えるため。お客様からの信頼を得るために必要な仕事が「身なりを整える」ということで、身支度は仕事なのですね。だからこそ、仕事には、おしゃれではなく、身だしなみが必要なわけです。

さらに、身だしなみとは、身の回りについての心がけのことで、人に不愉快な印象を与えないように髪型や服装などの身なりを整えるとともに、礼儀作法を身につけて、態度や言葉遣いなどをきちんとすることです。これも秘書検定で学ぶことです。

昔は授業参観で着物姿のお母さんもいたものです。そこまでいかなくても、学校にはきちんとした服装で出かけていた保護者が多かったのは、先生に対する誠意や子どもに対する親のあり方を表していたのでしょう。幼稚園や保育園に講演に伺い園長先生とお話すると、よくそのようなことが話題になります。時代は移り変わっているので、それぞれの家庭や保護者の考え方が優先されますが、だからこそ子どもたちに親のあり方を示す機会かもしれません。

正直、私もジーンズなどラフな格好のほうが好きですし、普段は巻き髪です。そのほうが若く見られるためそうしたいと思っても、講演や授業でお会いする皆さんに不愉快な思いをさせないために、わざと老けて見えるようにしているわけです（…ここは笑うところですよ）。

ちょっとしたことに、その人の心が見える

人柄の要素の「態度・振る舞い」。細かくいえばさまざまなマナーがありますが、ちょっとしたことに、その人の本質を見ることができます。

例えば、物の受け渡し。まさかハサミの刃先を相手に向ける人はいないと思いますが（これも海外では日本人ならではの心配りとされているようですが）、書類や物を片手で渡す、受け取る人が多くいるものです。「コピーお願いします」と両手で渡して、アルバイトの学生に片手で受け取られることもよくあります。たったそれだけのことに目くじらを立てなくてもと言われそうですが、おばちゃんはそういう些末《さまつ》なところにこそ、そこに心があるかないかを見ているのです。怖いですね。その人の心の持ち方がすべての態度や言葉遣いにも出てきます。

また、飲食するテーブルに鞄やバッグなどを堂々と置く様子も気になります。大学や専門学校などでは、基本は飲食しない勉強机かもしれませんが、そこで食事をする学生がいる以上は、テーブルに鞄を載せるのもマナー違反。会社の自分のデスクであっても、お茶を飲みながら仕事をすることなど考えれば、傍から見

てもあまり気持ちのいいものではありません。床に置いたり、トイレに持ち込むこともある鞄は想像以上にキレイなものではないことを考えると、テーブルの上に載せることは衛生上考えてもわかります。最近は、鞄用のカゴがある飲食店も多くなりましたが、小さめのバッグなら自分が腰かけた椅子の背もたれとの間、または余分な椅子があれば椅子に置かせてもらっても許容範囲だと思いますが、なかには椅子の上に置くことにも不快感を示す人がいることを知っておきましょう。

行きつけの珈琲店は、1日を通して、仕事をしたり勉強をしたりする光景が見られます。人が頑張っている姿を見ると応援したくなりますし励まされるのですが、鞄をテーブルに載せている人のあまりの多さに、おばちゃんはいつも心を痛めているのでした。ちょっとしたことかもしれませんが、その人の心が見える瞬間です。おそらく知らないからこそできるのだと思いますが、おせっかいおばちゃんにならないように、そちらはできるだけ気にしないようにして、テーブルを拭いて回るスタッフのサービスに注目するようにしています。学生たちにこの話をすると、決まって何人かがそぉっと鞄を机から下ろすのです。

いまさらですが、マナーとは？

いまさらですが、マナーとは何でしょう？　食事や生活上の一般的なものから、ビジネスマナーまで。普段、当たり前のように口にする「マナー」って一体何でしょう。違う言葉に置き換えると？　そんな質問をすると、皆さん改めて考え込み、「マナーとは…、うーん…」としばし無言。

礼儀作法？　優しさ？　常識？　ルール？　思いやり？　心配り？　気遣い？　そうですね。すべて正しいと思います。ただ、一番忘れてはならないのは、「相手」がいるということ。マナーを身につける際に大切なのは、相手の立場に立つこと。安心していただく、喜んでいただくなど、相手中心に考えることができるかがとても重要です。そして、こんな言動をすると相手がこう思うのではないか、という想像力も大きな手助けとなるでしょう。過去の経験を活かして先を読む力が大きいように思います。他者への想像力を働かせることは、社会人としての常識です。

マナーとは、「相手や周囲の人に不愉快な思いをさせない気遣いや心配りのスキル」なのです。

「相手に嫌な思いをさせない最低限のルール」といってもいいでしょう。そのために、態度や言葉遣いなどに細心の注意を払います。人柄がその人からにじみ出てくるように、マナーは人柄の映し鏡のようなもの。相手のことを思いやる心の表れです。

例えば、言葉遣いひとつとっても、敬語は使うべきときにしっかり使えなければなりませんが、あまりにもばか丁寧な敬語を使うことで相手に嫌味に聞こえてしまって、不愉快な思いをさせるくらいなら、それはマナーとはいわないのではないでしょうか。形だけにとらわれていては、心を無くしてしまいそうです。

マナーを伝える私が言うのもなんですが、すべて完璧な人などいません。多少言葉遣いが間違っていても表情や態度でカバーできますが、形だけにこだわると、慇懃《いんぎん》無礼な雰囲気さえ与えてしまいます。心がない形だけのマナーやスキルはすぐにメッキがはがれてしまいます。

さらに、ビジネスマナーがなぜ必要なのでしょう？自分に自信を持ち仕事に活かせるのはいうまでもありませんが、マナーを身につけることで仕事関係者やお客様からどう思われたいのでしょうか？「安心して任せられる人」「きちんとした人」「一緒に仕事がしたい人」。そうですね。すべてそのとおりだと思います。

なぜ、ビジネスマナーが必要なのか。

「相手（会社等）」を中心に考えれば、相手（会社等）に不愉快な思いをさせず、一緒に仕事をするため。

さらに、相手（会社等）に好感を持ってもらい、相手（会社等）に快く仕事を引き受け、または依頼してもらい、相手（会社等）に心地よく仕事をしてもらい、相手（会社等）に信頼してもらう。

そのすべてがいい仕事につながり、その積み重ねが良い人間関係を生み、業績へとつながる。

まずは相手中心に考えますが、それは必ず自分のこととして返ってくると思うのです。マナーは相手のため。そして、マナーのスキルを身につけることは自分のためでもあるのですね。

なぜ、ビジネスマナーが必要か。

一言でいうと、「仕事相手として快く認めてもらうため」といったところでしょうか。

不愉快な思いをさせないことにとどまらず、さらに相手に心地よく仕事をしてもらうために心をつくす。

その例の1つに、現在教鞭をとっている敬和学園大学でのエピソードをご紹介します。

秘書検定の対策講座で教壇に立つと、机に飲み物と一緒に一輪挿しが。バラやチューリップなど毎回違うお花を眺めます。キャリアサポート課の課長自らが用意してくださるのです。管理職の男性が、私が少しでも心地よく学生に指導できるようにとお花を生けている様子を想像すると、心が温かくなります。そんな心配りのできる方に就職指導をしてもらえる学生たちは幸せです。

お辞儀の角度を教えているわけではありません

ビジネスマナーのさまざまなスキルが秘書力につながります。しかし、お辞儀がいくら完璧で言葉遣いが正しい人であっても、そのスキルを通じて、仕事相手として快く認めてもらえないなら意味がないわけです。

例えば、お辞儀。私もたくさんの学生にお辞儀の仕方を教えてきましたし、今後もお伝えしなければなりません。15度の会釈、30度の敬礼、最敬礼は45度から60度くらいです。

●会釈

15度くらい。廊下ですれ違うとき、人に話しかけるときやお茶を出すときなど。入退室時。「失礼いたします」。

●敬礼

30度くらい。ビジネスの場でよく用いられるお辞儀で、来客を迎えるときや見送るときなど。「いらっしゃいませ」。

●最敬礼

45度～60度くらい。お願いをするときやお礼、お詫びをするときなど。「ありがとうございました」「申し訳ございません」。特にお詫びをする場合は60度くらいまで深いお辞儀が必要になります。

お辞儀の仕方を教えている私が言うのもなんですが、私は角度を教えているわけではないのです。正直、角度はどうでもいい、というとさらに落ちこぼれマナー講師になってしまいますが、25度であっても、32度であっても、40度であっても、極端にこだわりすぎる必要はないと思っています。

例えばそこに「よろしくお願いします」「本当にありがとうございました」「大変申し訳ございません」という気持ちがあれば、きっとそのような角度のお辞儀になるはずです。相手に対する気持ち、敬意がなければ形だけのお辞儀は虚しいものです。

もちろん、綺麗に見えるお辞儀の練習は必要ですが、形だけのお辞儀なら練習すれば誰だってできるのです。人はそこからにじみ出てくるものを見ているのでしょう。マナーは心の表れですから。

就活セミナーでお辞儀の練習。
簡単だと思っていたお辞儀が実際は難しいことを実感する学生たち。
お辞儀が整っていれば言葉遣いや振る舞いも連動し丁寧になります。

ところが、誰もが最初から綺麗できっちりした、しかも心まで伝わるお辞儀ができるわけではありません。だからこそ、練習では形から入ります。

「形には心が伴う」からこそです。

形には心が伴う 心が伴ったお辞儀

かかとをつけ、つま先を少し開いて安定させ、相手に向かって、表情にも注意しながら、背筋を伸ばし顎を引き、猫背にならないように胸を張ります。指先まで意識して手をおへその下のあたりで組み（男性であればズボンの横の縫い目に指先を伸ばして沿わせ）腰からしっかり倒します。出番が多い30度のお辞儀で練習するといいでしょう。頭を丸め込まずに、目線は2メートルほど斜め先を見るイメージです。倒すときは1秒程度ですばやく。ふらふらせずにしっかりと2秒ほど止めます。この止めが肝心です。そして、頭を上げるときは、下げるときよりもゆっくり1、2、3と数える調子で。

1（下げる）、1、2（止める）、1、2、3（上げる）

最敬礼の深いお辞儀になれば、止める時間をやや長くしたほうが相手にも伝わりやすいでしょう。これを基本として、その状況やそのときの気持ちによりその人の心が表れるお辞儀になると思うのです。

文字で書けばこの程度のことですが、実際にやってみるとなかなか難しいものです。だからこそ、秘書検定の準1級、1級には面接試験があり、実際に活かすことができるかを確認します。名前を言ってお辞儀をする。たったこれだけのことにその人のすべてが出るといっても過言ではないでしょう。だからこそ、就職試験対策などで秘書検定取得を目指す学生も多いわけです。

しっかりした基本のお辞儀をしてみると、適当にするときと比べ、自分の心までがしっかりしてくるのがわかります。これが形から入り、心が耕されていくということでしょう。心が形に追いついていくと、さらに形が身につき、それまで以上に心が伴う、その繰り返しの相乗効果です。

お辞儀や言葉遣いは、形だけでなく、その背景に相手に対する深い配慮や気遣いや心配りがあるのです。お辞儀が整っていれば、そこから連動する振る舞いも丁寧になります。

「形から入る」

何か習い事をするときに道具などから揃えて形から入る人がいます。私も若い頃、ゴルフ道具を揃えウェアに身を包むと、気分だけは立派なゴルファーでした。腕前がついていかなかったのは残念ですが、気持ちが変わるのはよくわかります。また、私は着物が大好きなので、自分で着て好きな髪型にアレンジしては出かける機会もあります。着物を着ると所作を気にするようになり、歩き方までまるで別人です。着物を着る機会が少ない女性が、たまに着物で装うと、「気持ちまでしゃんとする」なんて感想もよく聞きますね。成人式での着物姿も大人の心がけに一役買っているのかもしれません。心まで大和撫子気分を味わえるのは、形が心を耕す証拠ですね（余談でした）。

挨拶はコミュニケーションの始まり 人間関係の第一歩

お辞儀が形から入るように、言葉遣いも形から入ることで、心を耕します。

お辞儀の形がしっかりしてくると、心が磨かれ、さらに心がけが言葉遣いをも変えていきます。「こんにちは」「いらっしゃいませ」「ありがとうございました」。挨拶の言葉がしっかり言えない人は、お辞儀も中途半端。すべてがつながっているのですね。

辛口小学生の息子が店員の接遇を見たときの感想「挨拶は、聞こえなかったらしていないのと一緒」は、私がいつも口にしていることです。コミュニケーションの始まりは挨拶であり、人間関係を築いていく大事な一歩です。私たちは幼い頃から、どれだけ挨拶が大事であるか聞かされて育ってきました。それは昔も今も変わらない教育のはずです。現に、息子の授業参観に行くと、子どもたちが元気な声で挨拶をしてくれます。しかしそれがいつから、挨拶をしても返さなかったり、返事をしたとしても、人の目を見ずに下を向いてただ言葉を発するだけになるのでしょう。

言葉はほんの一言でも、人の心を温かくすることもあれば、逆に傷つける凶器になることもあります。同じ言葉なのに、言い方や気持ちの入れ方で随分違うものです。出社したときに、「おはようございます！」「おはよう！」と目を見て笑顔で言われると気持ちがいいものですが、下を向いてぼそぼそっと言われても、嫌々挨拶しているのかなと思ったりしたものです。

挨拶しても、パソコンを打ちながら、鞄をごそごそしながら、相手を見ずにおはようございますと言われても、言葉を発しただけで、本当の挨拶をしたとは言えません。

本当の挨拶とは？

挨拶という言葉を紐解いてみると、仏教の一派として中国に始まった禅宗の言葉が語源とされています。以下、『ちょっと困った時、いざという時の禅語100選』という本から引用します。

> 禅の問答を集めた公案集「碧巌録《へきがんろく》」の中に、「一言一句　一機一境　一出一入　一挨一拶」（言葉を投げかけ、相手の心境を推しはかり、その言動に緩急自在に対処しながら、心と心をぶつけ合う）という言葉があります。その最後の「一挨一拶」は、日常でわたしたちが使っている〝挨拶〟の語源です。挨は「押し開く。近づく」、拶は「迫る」ということ。本来は、師が弟子の心の深浅を推察し、弟子が師匠に応答を迫るという、心と心のぶつかり合いを意味する言葉なのです。
>
> 禅の師匠が修行僧を棒で打つのは、心と心を言葉で伝えることができない極限の状態。そこまで徹底的にお互いの心と心を交わすのが、禅の〝挨拶〟なのです。
>
> （西村惠信監修・仏楽学舎著『ちょっと困った時、いざという時の禅語100選』（三笠書房））

一挨　一拶（いちあい　いっさつ）

私たちが日常で使っている「挨拶」の語源だと知ったとき、ようやく探し物が見つかった気持ちになりました。どちらも相手に向き合っているのですね。心と心のぶつかりあい。

挨拶は、相手に「心を開いていますよという意思表示」です。

さらに、先手必勝。先にしたもん勝ち。そして、勝つという字を笑顔に代えて、「先手必笑」です。もちろん、勝ち負けではありませんが、「近頃の若者は、挨拶も自分からしてこない」と思うなら、上下関係は抜きにして自ら先に挨拶し、態度で示したほうが気持ちがいいものです。上司、先輩の立場なら、どうぞ自分から心を開き、そして、あなたがまだ学生、社会に出て間もないのなら、確実に周りは目上の人。自ら率先して挨拶を。挨拶はコミュニケーションの始まりです。

そしてもう1つ、たったこれだけ。相手に体を向ける。立っていれば、つま先、膝、体を相手に向けるという姿勢で、心が伝わります。

「あなたに心を向けていますよ」と言葉にしなくてもその態度で伝わります。

挨拶だけでなく、話しかけて、はいと首だけ向けられるのと、体全体を向けられるのとでは、印象が大きく違います。心を向けてくれていると感じるはずです。

さらに、もし3秒でも心に余裕があれば、通りすがりの会釈でも、一瞬立ち止まることでその人の人柄が伺えます。そこから想像を超える会話が生まれるかもしれません。

相手に体を向けて話すことは、子育てでもとても大事なことです。小さな子どもであれば、子どもの目線に合わせて正面から向き合って話すことは、あなたの話をちゃんと聞いているのよと伝わるでしょう。今や息子に背を越され、最近はもっぱら、そこに座りなさいと言わざるを得なくなりましたが。

SECTION 4

社会人として重要な自己管理の基本

社会人として重要な自己管理。どんなに優秀で仕事ができると評判の人でも、すぐに体調を崩して休みがち、遅刻が多い、時間や約束を守れない、お金を借りるなどが続くと、関係者にも迷惑をかけ、たちまち信用をなくしてしまいます。

秘書検定のなかでも自己管理の基本として、「健康管理」「時間管理」「金銭管理」「感情のコントロール」の4つを挙げています。すべて当たり前のことですが、本書では特に「時間管理」に注目してみます。

時間管理とは?

時間厳守。社会人にとって時間管理は常識です。しかし、なぜ時間を守ることが大事なのでしょう。人として時間を守ることが大事だと教えられてきましたし、当たり前のことなので、そこに理由を考えることすらありませんでした。講義などでこの質問をすると、「時間は大事だから」「時間が守れない人は信用をなくすから」「人として常識」という答えが返ってきます。

たしかに私もそう思います。しかし、秘書検定で学んだことは目からウロコでした。以下、秘書検定2級のテキストから引用します。

時間管理で重要なのは、①時間を守ること、②時間を有効に活用すること、③時間当たりの作業効率を上げることです。

約束した時間を守ることは、職業人にとって鉄則です。約束した時間に遅れることは、約束した相手の時間を無駄にすることです。

使用料金や社員の給料など時間が一つの基準となって計算されるように、ビジネスの世界では「時は金なり」で、時間は金銭に換算されます。つまり、10分遅れることは、相手の10分に相当する金額の損をさせたことになります。もし、30分遅刻して20人の社内会議の開催を遅らせたら、10時間分の損失を会社に与えることになります。それは社員1人の1日分以上の損失です。ビジネスでなぜ「時間厳守が鉄則」だと言われるかよく分かるでしょう。

（公益財団法人実務技能検定協会編『秘書検定集中講義2級〈改訂版〉』から引用）

いかがですか？　約束の時間に遅れることは、約束した相手の時間を無駄にすること。この1行を読んだとき、雷に打たれた気分でした。遅れた時間分の損失を与えている。この考え方は、社会人として長く勤務しても教えてもらえなかったことです。アルバイトでも仕事でも時給が決まっているのは、能力とその人の時間を買っている。時は金なりで換算しているわけです。アナウンサー時代、遅れるより早く行ったほうがいいと、連絡もせず約束した時間より30分早く取材に行ったことも情けない話です。相手のことを思えば、早すぎることもマナー違反であることはいうまでもありません。ビジネスにおいて、時間厳守がなぜ大事なのか、その答えを秘書検定で学びました。

SECTION

5

社会人としての常識「報告・連絡・相談」は、職場でのコミュニケーション

上司と部下、同僚同士、取引先やお客様、コミュニケーションをとり、人間関係が良好になることは仕事での意思統一にもつながります。会社だから仕事の話だけではなく、仕事を離れた休憩中や懇親会などで、学生時代の話や趣味、家族の話などをしてみるのも意外な発見があるかもしれません。日頃からコミュニケーションがとれていれば、きっと、上司から厳しく指導されることがあっても、自分のためを思って言ってくれると受け止められることも多いはずです。同僚同士の人間関係がうまくいっていれば、何か失敗があっても、みんなで助け合うことにつながるので、やはり、良い人間関係は仕事に返ってきます。だからこそ、仕事を進めるうえでのコミュニケーションは日頃から重要になり、それができて初めて、仕事抜きのコミュニケーションも活かされてくるのです。

仕事を進めるうえでのコミュニケーション、職場において業務を円滑に進めていくうえで大切な常識、それが報《ほう》・連《れん》・相《そう》。いわゆる、報告、連絡、相談です。

上司はもちろん、同じ仕事に携わる同僚や取引先などへ「報・連・相」が的確にできる人は「安心して仕事が任せられる人」「有能な人」として評価されます。

また、お客様から見ても「報・連・相」が行き届いている会社は、「信用、信頼できる会社」として評価されるのです。

●**報告…縦の連携**

上司、先輩から指示されたことに対してその経過や結果を伝えます。自分がつかんだ情報や告げる必要があると感じた用件を上司、先輩に伝え、特に自分や会社側にマイナスな情報ほど早く伝えることが大切です。

●**連絡…横の連携**

仕事上の事柄について、関係者である同僚や、取引先などに伝えますが、状況を判断して連絡方法も適切なものを選ばなければなりません。緊急度、重要度、口頭なのか電話、メール、ＦＡＸ、文書など、どの手段で連絡すべきか、連絡相手は１人か、多数の関係者か。

●**相談**

判断に迷ったとき、上司や先輩、同僚、また場合によっては取引先に参考意見やヒント、アドバイスをもらいます。自分なりの答えや対策を用意して相談すれば、相手も的確なアドバイスがしやすくなるでしょう。

秘書力を活かした報告術

報連相のなかでも、最も重要なのが報告。ただし、報告すべきことが出てきた場合、すべてをすぐに報告すればいいというわけでもありません。内容を正確に把握し、緊急度、上司の仕事の状況などに配慮したタイミングもまた大事です。

自分の失敗や、会社にとってマイナスな情報は、一刻も早く上司へ報告します。すぐに手を打たなければ手遅れになることも考えられるからです。吉報ならいつでも気持ちよく伝えることはできますが、悪い情報ほど時間との勝負です。

＊最初に結論から告げる

まずは、どうなったか、結論、結果が重要です。その結果に至る経緯や理由の報告は後から行います。

男性脳と女性脳の違いを聞いたことがありますが、女性はプロセスを重視するためどうしても経過を先に話しがちで結果は最後のお楽しみになってしまうとか。たしかに私も、こうなって、ああなって、○○さんがこう言って…と言っていると、夫から「どうなったか先に言ってくれ」と言われることもしばしば。女性同士のおしゃべりが、それでそれで！　と続くのも納得です。学生の面接指導で、まずは結論からと言いながらも私も私生活ではこんなものです。女性の皆さん、気をつけましょう。仕事では、「結論から」です。

＊事実と推測・憶測を区別する

客観的な事実を正確に述べることが第一です。主観的な判断や自分の意見、今までの経験に基づきおそらくこうであろうと考えた推測や根拠のない憶測は要注意です。意見を求められる場合は、これはあくまで私個人の考えですが、など明確に区別することが重要です。

＊報告するタイミングを見極める

緊急度や重要度によって判断しますが、上司が重要視している案件で特に悪い結果がもたらされた場合は、一刻も早く報告し、その後の対応の指示を待ちます。後でもよい報告は、上司の仕事が一区切りついたところを見計らって報告します。今ちょうどいいタイミングだと思っても、「今、よろしいでしょうか」と声をかけて上司の意向を確認する心配りも忘れないように。

＊指示された仕事の経過報告は、上司に求められる前にする

指示された仕事が終わればすみやかに報告しますが、予定よりも遅くなりそうな場合は、前もって経過と見通しを報告して指示を仰ぎます。上司が気にかけてい

企業の女性社員のための研修。さまざまなテーマで研修をしますが、職場でのコミュニケーションである「報・連・相」に関しては、特に秘書力を活かした報告術を伝授します。

る案件などの途中経過も、聞かれる前に報告することで、気が利く秘書、気が利く部下として信頼されるでしょう。これも、先を読み相手の立場を考えるマナーといっていいでしょう。

秘書検定
過去問にチャレンジ！
❸

選択問題 【技能】

次は秘書A子が，郵送しようとして書いた封筒の表の一部である。枠内の下線部分に適切な用語を漢字２文字で答えなさい。

1）ワールドホテル631号室に「滞在」している山田一郎部長に，資料を送るとき

> ワールドホテル____631号室
> 山田一郎様

2）実家の「田中宏様宅」に帰省している先輩の松本由美さんに，書類を送るとき

> 田中宏____
> 松本由美様

3）上司の恩師である工藤孝氏に，上司が賀寿の祝いで撮った「写真」を送るとき

> 工藤孝先生
> 写真____

4）（株）ＡＢ商事の吉田和夫総務部長に，「本人に直接開封してもらいたい」資料を送るとき

> 株式会社ＡＢ商事
> 総務部長 吉田和夫様
> ____

（２級試験問題より）

解答 1）気付　2）様方　3）在中　4）親展

秘書検定
過去問にチャレンジ！
4

選択問題 **【マナー・接遇】**

部長秘書A子は，部長と課長が出張するとき二人に同行することがある。このような場合，次の席順はどのようになるか。それぞれの（　　）内に，①部長　②課長　③A子の番号を書き入れなさい。

1）新幹線

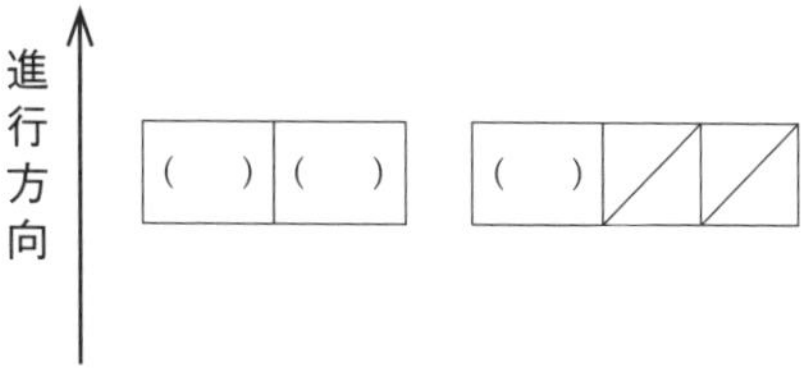

2）タクシー

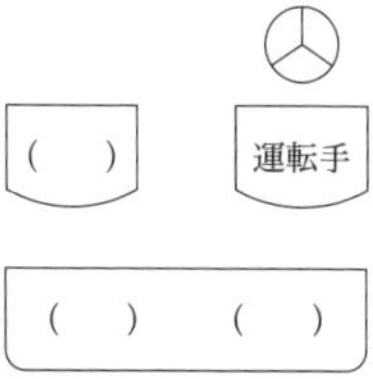

3）レストランの個室

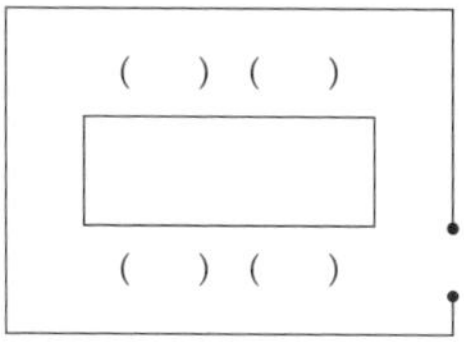

（2級試験問題より）

解　答　1）新幹線

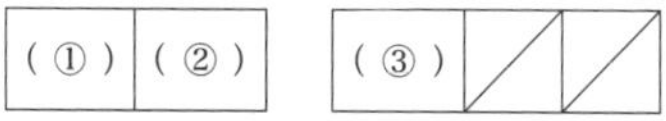

2）タクシー

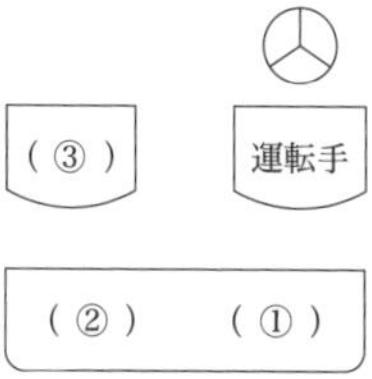

3）レストランの個室

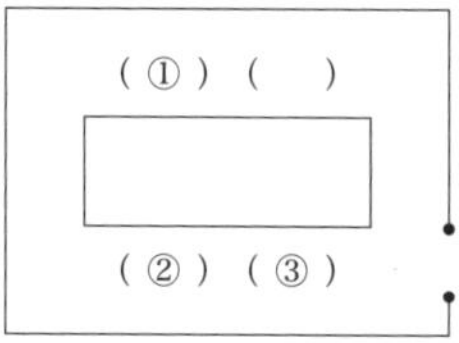

INTERVIEW 2

人と人の関係は言葉から始まる

坂口和之 氏
株式会社鹿児島放送
元代表取締役社長

第一印象は「おっとりした、どこにでもいる元お嬢さん」でした。

それまで30数年の新聞社での職歴のどこにも、秘書と直接関わる仕事をした場面はありませんでした。関心も、期待も、心配もないといったところが正直な気持ちでした。そこから社長として付き合いが4年半。新潟へ飛んで去った頃には「女気のある、たくましい女性」に変わっていました。

私にとって社長業はなかなか大変でした。想定外の、新聞からテレビへの環境変化。取締役会、株主総会、そしてスポンサー、広告代理店。異次元の世界に思えました。以前と違って愚痴をこぼせる仕事仲間もいません。学校を出てから前の会社、鹿児島放送まで20数回の転勤を経験し、そのたびに「どこに行っても、まずは目の前の仕事、人間に正面から向き合えば何とかなる」と自身に言い聞かせてきました。今回もこれまでと同じ。「社長の役割を与えられた社員の1人」「社内の人間関係は対等」を原則に、新職場で1からのスタート、を胸の内で決めていました。そうした自分が思い描く姿と、現実とのはざ間に現れ、「天然の潤滑油」役を果たしたのが「元お嬢さん」でした。

初仕事は、株主総会での就任挨拶。仕事といえるほどでもありませんが、新米社長の心境では、社内外へ公の第一声の意義を真剣に考えました。知らない分野のテレビ、ローカル局の全体状況、直近の課題、報道機関の役割と思いを巡らし、「原稿の棒読みはやらない」と、人知れずしゃべりの練習をしました。本番は、一言でいって朴訥《ぼくとつ》、たどたどしい。すべて自分の言葉なのだから、と納得するしかありませんでした。社員を集めての新旧交代式、社外の挨拶回りと追いまくられ、やっと自室に戻ったら、机にハンカチと短い手紙がありました。仕事はじめの、秘書の形式的な挨拶、ではありませんでした。内容は彼女が本書で触れているとおり。上司への定型文はなく、人には見せなかったつもりの私なりの内面の「しんどさ」への気遣い、「やる気」への励ましが伝わってきました。素直に「お、こんなところに仲間がいたか」と思いました。本人には、ハンカチへの御礼の一声で済ませ、その後ふれることもありませんでした。自分勝手な表現でいうと、坂口社長と大平（旧姓）秘書とは違う、社長の「坂口さん」と秘書の「大平さん」の無言の二人三脚がここから始まりました。

社長二期目の後半、食道がんが見つかり、ショックで落ち込む間もなく、急きょ手術を受けました。幸い1か月余りで退院できましたが、入院中のほぼ毎日、彼女からメールで「KKB通信」が届きました。今日は会社でこんないい話があった、などのメモ程度の短文。術後のストレス、復帰への焦りのなかで日々の楽しみになりました。

スタートの手紙と病床でのメール。社長在任中の仕事を通した彼女との付き合い全体から見れば、取るに足らないことともいえます。しかし、人と人の関係は言葉から始まります。日常の言葉が肩書きや自分の立場だけを考えた身勝手なものになっていないか。改めて自身を振り返させる、大きな出来事でした。

COLUMN 2

私は一度死んでいる。人生は奇跡の連続

「死んでいる」なんて冗談？　いえ、本当の話です。今の私は、生きているのが奇跡です。平成5年の7月18日。その日は、第40回の衆議院議員選挙の投開票日。アナウンサー5年目。私は、注目選挙区の候補担当で、選挙事務所から中継をしていました。当選確実がわかって別の会場へ移動する候補者の声を拾うため、大急ぎで片づけて、各局が候補者の車を追うことになります。カメラマンが運転し、私は助手席。後部座席にはアルバイトの大学生が乗っていました。

田舎の暗い夜道、街灯もない細い山道を走行。暗いなかで見逃した左に曲がるカーブ。人は目の前に死の危機が迫ると、本当にすべてがスローモーションに見えるのですね。おそらく私が「ガードレールにぶつかる」と判断してからそうなるまでは2秒、いや1秒もかかっていないかもしれません。たくさんの荷物を膝に抱えていて、シートベルトをし忘れた私。ゆっくり…ゆっくり…目の前に迫るガードレール。1秒、2秒のなかで、頭のなかをいろいろなことが駆け巡ります。「走馬灯のように」という表現は、このことだと思った冷静な女です。

私は、フロントガラスにそのまま突っ込み、車は急ブレーキをかけ、ガードレールを突き破ることはなかったものの、ぶつかった反動で跳ね返されて停まりました。運転していたカメラマンは半狂乱。そして、私が最初にしたことは…鏡を見たことでした。自分の顔がどうなっているのか確認したのです。つくづく、自分を冷静だと感じた瞬間です。

顔中が血だらけで、ガラスは私の顔に刺さり、大きな傷はなかったものの、右眉は

ざっくりえぐれてなくなっていました。救急車に自分で歩いて乗りましたが、その後はダッシュボードに打ち付けた膝はどんどん膨れ上がり歩くことはできなくなりました。

深夜の地元の病院で応急処置後に鹿児島市内の病院まで再び救急車で2時間。顔中に刺さったガラスを取る処置、その間に頭はどんどん膨れ上がり、タコ（?）のように、宇宙人のように、頭が腫れる（泣）。救急の医師からは、こんな大事故で「生きているのは奇跡。ただ、顔には傷が残るかもしれない」と。運良くガラスが目に入ったりせず、頭を強打したにもかかわらず脳には異常なし。結局、全身打撲の全治3か月と診断されましたが、顔に入り込んだ小さなガラス片は時間が経つことで押し出されてくるのです。眉の間からカリカリと出てくるガラス。1年以上続きました。歩けなくなった足もリハビリすることで復活しますが、通院1年以上。実は今でも左足の膝に感覚はあまりありません。

PART 1の余談でお話しした、29歳で初めて挑戦したフルマラソンは、この事故から2年後のことで、医師からも無理は禁物と言われながらの挑戦でした。できないと言われると燃える女は、結果5回も完走したわけです。少々、荒療治ですね。

アナウンサーとしての仕事は、顔の傷が落ち着いた3か月後をめどに戻りましたが、医師からは、「傷がほとんど残らなかったのも奇跡」と。

私は一度死んだも同然なのです。

整形手術はしていませんよ。死を覚悟したおかげでシワはほとんどありません。冗談です。

実はちょうどこの大事故の1年前に、私は父を事故で失っていました。私が大学時代に、事業が立ち行かなくなり人間的にも成長させてくれた（？）父は、入社して4年目の夏に不運な事故で他界しました。そのことで私はまたも、人生甘くない目に遭うのですが、それはまたのちほど。「ここで死んでる場合じゃない。生きなさい！」とこのときばかりは守ってくれたのかもしれません。「生きてるだけで丸儲け」です。

　生きている！　生かされていることを実感し、当たり前のことに感謝する毎日です。現状維持は衰退。いつも前を向いて、上を向いて1ミリでも前へ！

私「もし、ママがあのとき死んでいたら、キミ（息子）は生まれていなかったね」

夫「ママが死んでいたら、違う人と結婚したってことだから」

息子「しかも、俺のお兄ちゃんもお姉ちゃんも、妹かも弟かもしれない兄弟3人はお腹のなかで死んじゃったのに、すごいね。生まれてきた俺。俺の命。すべてが奇跡」

人生は奇跡の連続です。

PART 3

「秘書力」で ヒューマンスキルアップ！

秘書力＝部下力＝組織で必要な補佐能力

SECTION 1

秘書的能力は部下力、そして人間的能力

ヒューマンスキルという言葉は、一言で対人関係能力ともいわれています。他者との良好な人間関係を構築し、それを維持していくために不可欠な能力であり、社会人、組織人なら誰もが求められる能力です。具体的には、相手の話をきちんと聴き理解する力や自分の考えを論理的に伝える能力、また、リーダーシップや、そのために必要なビジネスマナーもヒューマンスキルのなかの1つといえるでしょう。

人柄の育成を目的に掲げている秘書検定としても、秘書的能力は、ビジネスの場で必要な対人関係についての能力、すなわちヒューマンスキルと考えられるようになってきています。会社が社員に求める能力はヒューマンスキルとしての秘書的能力が期待されているのです。

会社や組織のなかのトップでない限り、誰もが「部下」です。さまざまな秘書的能力を本書では「秘書力」と呼んでいますが、日常業務に活かせる「秘書力」は、誰にでも必要な「部下力」です。さらにそれは「人として」の能力に深く関わる人間的能力です。秘書力でヒューマンスキルをアップすることは、人間的に成長することともいえるでしょう。

秘書力は部下力 12の人間的能力

上司を補佐する秘書の仕事は広範囲に及ぶため、さまざまな能力が求められます。それはすべて社会人、組織人としての人間的能力です。秘書力をもとにした12の能力とは何でしょうか？

❶判断力

日常業務は自分の判断で処理していかなければなりませんが、優先順位の判断は重要です。複雑で困難な状況に直面しても、状況を正しく把握し、どのようにすれば最善かを考え、いくつかの選択肢のなかから適切な方法を選び出す能力は、やはり日々の仕事の積み重ねから学んでいきます。

❷記憶力

最近、私が一番欲しいと思うのがこの力。仕事関係者の顔と名前の一致など、記憶力はコミュニケーションもスムーズになり、好ましい人間関係を築くことになります。その他、関連することの記憶は仕事の効率に影響します。しかし、過信していると失敗にもつながるため、そのための努力を惜しまずメモを取るくせをつけ、資料整理をすることも重要です。

❸表現力

状況に応じて、意思や感情を適切に表現する能力。上司と関係者の間に立って、仕事の用件や相手の意思をわかりやすく伝達するため、文章力や言葉遣いなど適切な表現技術も求められます。

❹行動力

上司の補佐役になるには、機敏さやフットワークの軽さがなければ務まりません。きびきびした動作だけでなく、迅速に要領よく仕事を進める能力です。

❺理解力

相手の意図することは何かを正確に理解する能力です。上司の意向を正確にとらえなければ、不適当な補佐をすることになりかねませんし、仕事関係者の意図からずれる場合もあります。

❻洞察力

直感や観察力で、人が気づかないことを見抜く力です。仕事の流れをよく読み、次の展開を見通して行動しなければなりません。上司の行動を的確に予測する能力も必要になります。予測できれば、先手を打って準備も可能です。

❼情報収集力

必要な情報を的確につかむ能力です。さほど重要とは思われないような情報やうわさなども、上司に知らせたほうがよいと判断したら提供し、自分の感情や憶測を除いて、事実だけを正確に伝えます。

❽コミュニケーション力

秘書は、上司と関係者の間に立ち、意思や情報を伝達するコミュニケーターとして双方のコミュニケーションを成り立たせるパイプ役です。しかし、単なるメッセンジャーではなく、上司と取引先、上司と上司の上役や部下の間に立って意思疎通を図る重要なパイプ役としてのコミュニケーション力が重要です。そのためにも、社内はもちろん、仕事関係者とも日頃から良好な人間関係を保っておきます。

❾業務調整能力

仕事に慣れてキャリアを積むと、一度に複数の重要な仕事を抱えることもよくあります。どんなに仕事が重なっても決められた期日までに間に合わせなければならないため、仕事をスムーズに進めるための調整能力も必要になります。

❿人間関係調整能力

人間関係のトラブルは、意見や価値観の違い、好き嫌いの感情、嫉妬や打算などから起こりますが、ちょっとした誤解や思い込みから対立感情が生まれることも多いものです。一対一もあれば、部署対部署なども。いずれにしても組織内に対立関係が生まれると協力が得られないため、トラブルが起こらないように人間関係の調整や、不協和音の解消に努めなければなりません。

⓫アドバイス能力

仕事に悩んでいる部下・後輩などに、これまでの経験や知識を活かしてアドバイスする能力。日頃から相談しやすい関係を作っておくことも大切でしょう。悩み事は、話を聴いてあげることで大半は解決します。良き聴き役になり問題点を明確にしたうえで、プラス思考に導くことが重要です。

⓬指導力

新人や後輩への指導は、いつか自分が上司になるときの準備が始まっているともいえます。新人の指導は、新卒、他部署からの異動で配属、中途採用など、それぞれの経歴や背景を考えて指導します。

部下を持つ上司の立場であれば、過去の経験を活かし、部下の力を引き出す力も指導力の1つでしょう。

SECTION 2

組織人としての心得

上司の有能な補佐役となる

秘書の仕事は、上司の補佐、手助けですが、社会に出るとはじめは誰もが自分よりも目上の人。上司や先輩の補佐が仕事です。職場には、役職による上下関係や年齢や経験による先輩・後輩、また中途採用など、年齢に関係なく社歴による上下関係もあります。その上下関係のなかで、下の人が上の人を「補佐する」ことによって仕事が成り立っています。先に挙げた12の人間的能力を活かしながら「補佐」をしていくことになります。

ではここで、上司と秘書（部下）の関係を秘書検定のなかで見ていきましょう。

上司の機能と役割

企業は社会に物やサービスを提供し、より多くの利益を追求していくことを目的としています。上司は、この企業の目的を実現するために、さまざまな意思決定を行うなど、適切な経営管理をしていかなければなりません。つまり、上司の機能は「意思決定をして経営管理を遂行すること」ということになります。また、その役割は、経営計画を策定したり、管理する組織の指揮、命令を実行して実績を上げ企業の期待に応えていくことです。

上司はその役割を果たすために、取引先との面談、会議への出席、出張、決裁書類への押印、部下への指示など個々の仕事を遂行していくことになります。

秘書（部下）の機能と役割

上司は企業の期待に応えるために、重要な仕事を処理していくことになりますが、本来の仕事を遂行する際にもさまざまな雑務が発生してきます。上司がこれらの雑務にかかわっていると本来の業務に専念できなくなってしまいます。そこで、上司の雑務を担う秘書が必要とされるようになったのです。その秘書の機能は、上司の雑務を引き受けて補佐すること。役割は、上司の周辺雑務を適切に処理して、上司の期待に応えていくことです。

上司の期待に応えるための心構え

上司の職務は、直接的に企業の業績に結び付いていますが、秘書の職務は直接的に上司に結び付いているので、企業の業績とは間接的に結び付く関係にあります。また、秘書の職務は上司に対して責任を負いますが、企業に対しては間接的に負うこととなり、企業に対する直接的な責任は上司が負うことになります。

つまり、秘書のミスは上司が企業に対して責任を負うことになりますが、秘書の適切な補佐は、上司の業績向上に寄与することになり、間接的に企業の業績に貢献していることにもなるのです。

（公益財団法人実務技能検定協会編『秘書検定集中講義2級〈改訂版〉』参照）

自分の補佐が上司を支え、上司の功績が企業の業績に結び付いているということは、間接的に企業の成長に一役買っているわけです。

ところで、「単なる会社の駒に過ぎない」とぼやく声を聞いたことがあります。「会社の駒」という表現を良い意味で使っている人はあまりいませんね。

なんだかんだいっても、社会のなかで生きていかなければならない人間は、社会の歯車。会社、組織や団体、小さなグループにしても、1人ひとりが歯車。しかし、考え方次第です。ポジティブに考えれば、「誰もが歯車になって動かしている」。結局は本人次第です。

私は将棋には詳しくありませんが、王将や金や銀だけでなく、飛車や角だって必要で、歩は金に成れると聞いたことがあります。歩兵は、基本的には前に1つずつしか進めない非力な駒だそうですが、「歩のない将棋は負け将棋、所詮歩がなきゃ成り立たぬ」など多くの将棋の格言があるように、歩は将棋の基本の駒。と息子の将棋の説明書に書いてありました。

自分自身を「会社の駒」から「会社の勝ち馬」に成長させるためには、その人自身の向上心などが追い風になるのでしょう。

会社員の頃は、不平不満もたくさん口にした私でしたが、総務部に異動したことで、社員のための手厚い規定を知り、実際に辞めて独立せざるを得なくなって初めて、会社に守られていたと気づくことができました。

中学、高校時代の勉強中、ラジオから聞こえてきた「暗いと不平を言うよりも、すすんであかりをつけましょう。聖パウロの言葉より」というパーソナリティーの言葉を思い出しました。

話がまた脱線してしまいました。

役職としての替えはいくらでもいても、個人の替えはいません。あなただからお願いしたい、あなたと一緒に仕事がしたい、そんなふうに思ってもらえるように、私も日々、精進する所存です。

同じ企業ではなく、異業種の社員同士で交流を深めながら研修をすることも。お互い刺激を受けながらのマナー研修。有能な補佐役になるためにもビジネスマナーは必要不可欠です。

部下力はいうまでもなく、上司の有能な補佐役として組織に必要な補佐能力です。この補佐能力こそが、秘書力です。

上司の補佐をする、人に頼られて補佐業務をすることで、自分の意思とは別に必要とされるさまざまな視野が求められることになります。社内、社外の人との関わりのなかで自分を客観的に見ることができるようになるでしょう。それにより、態度、振る舞い、言葉遣い、話し方、聞き方などすべての人柄の要素にも気を遣うようになり、ヒューマンスキル、自分自身が磨かれ、さらに自信がつき、人としての魅力も増すでしょう。その結果が、「感じがいい人」の完成です。こうしてみると、やはり秘書検定で「人柄の育成」ができるのですね。

SECTION 3

職務範囲と越権行為

仕事では「上司の了承を得る」のが原則

仕事は、上司の指示を受けて、あるいは了承を得てから遂行するのが鉄則です。

秘書の仕事には、来客の接遇、電話の応対、文書事務などの定型業務と、予定外の来客や上司の急な出張、予期せぬ事態の非定型業務がありますが、それはどんな職場でもあてはまることでしょう。

日常の定型業務は、前もって上司と話し、事前に打ち合わせのうえ進めているわけなので、いちいち上司の指示を待たずに自分の判断で行います。もちろん、判断がつかない場合は上司に相談します。

非定型業務は、必ず上司の指示や判断を仰ぎ、了承を得ることが原則です。ここにも、報・連・相の基本的なコミュニケーションが活かされます。

越権行為とは？

上司と秘書（部下）の機能と役割をよく心得て、自分の職務範囲を知り、上司の職務権限を侵さないようにしなければなりません。

もちろん、自分自身の日常業務のなかで、自分なりに考え、積極的に仕事を進めることは素晴らしいことです。部内の仕事を仲間とともに仕上げ、手が空いていれば自ら手伝うなど、社員同士の信頼関係も生まれます。

しかし、上司の周辺雑務を代行して補佐する仕事では、越権行為（定められた範囲を超えて出過ぎた行為をすること）に注意が必要です。

例えば、上司に代わって取引先と面談をするといったようなことです。上司からの指示があれば別ですが、上司が専念すべき業務に立ち入ると、それは権限を越える、越権行為です。自分の独断で勝手に行うことにより、さまざまな問題も発生し、上司からの信頼も失うことになります。

例えば、

・経営管理に関することに口出しをする
・上司に指示めいたことを言う
・来客に対して上司と同等の権利があるように振る舞う
・許可なく上司の代理として会議や行事に参加する
・上司の承諾なく面会予約を受ける

などが挙げられます。

経験が豊富になり判断を任されることもあるでしょうが、あくまでも「代理」であることを心得て取り組みます。

自分の仕事の範囲、上司の仕事の範囲を把握しながら、より向上心を持っていたいものです。与えられた仕事しかしない、できない社会人に成り下がってしまうのは残念です。

話したい、でも、話せない。「知る立場にない」と話す立場

秘書として仕事を進めていると、社の機密事項や重役関連の情報を少しでも知りたいために、耳打ちされることもありました。総務部員として、また秘書とし

て機密事項や個人情報を口外しないのは鉄則です。社会人、組織人としてのルールでもあります。

　私の場合は総務部副部長という肩書きのほか、他の企業とは社長秘書として取り扱う情報も多かったため、日頃から情報の取り扱いには十分気をつけていました。個人情報保護士の資格も、役に立ったといえば立ったような…。

　社長秘書という言葉の響きから、自分自身に何の功績はなくとも、社長関連で偉いと勘違いされることもありました。その点は、秘書検定のなかでも、優越感を持たず、交友関係を狭めることなく、他の社員と交流することの大切さも学ぶことです。

　機密事項については、たとえ知っていたとしても、「自分は知る立場にない」ときっぱり話すことも求められます。

　機密事項や、上司のプライベートな情報は、仕事上知らなければならないことでしたが、「口が堅い」ことが重要な秘書にとって、そもそも話すことが仕事の元アナウンサーとしては、しゃべりたいネタが満載です。しかし、話してよいこと、話してはいけないことを適切に判断して対応することも、ある意味、修行でした。

SECTION

4

心ある注意・忠告の仕方と受け方、そして褒め方

相手を思ってこその注意・忠告

対人関係のなかでも、人に注意をする、忠告をするのはなかなか難しいものです。「最近の若い子は叱られたことが少ないから打たれ弱い」など仕事関係以外でもよく聞く話です。ちょっと注意しただけなのに、会社に出てこなくなった、逆ギレされたなど、予想外の反応にびっくりした話はいくらでもあります。

注意・忠告する立場からすると相手を思ってこそのはずが、自尊心を傷つけてしまうこともあります。上司、先輩の立場でも、どうせ言っても無駄、穏便に済ませたいなど注意すること自体を避ける傾向も見られます。

多くの企業が、昔は上司が部下を評価するだけだったものが、上司も評価される時代に変わってきているため、厳しいことを言うべきときに言う「嫌われ役」が必要であっても、自分の評価に関わるならやめておくという人もいるのでしょう。

しかし、一人前の組織人を育てるためには、できるようになるまで何度も繰り返し、できたら褒め、できなければ叱り、その繰り返しです。それは家庭での子

どものしつけと同じです。素直に受け入れてもらうためにはどうすればいいのでしょう。注意・忠告するときに心がけてきたことをまとめました。

❶注意・忠告すべきこと、それは事実なのかを確認する

会社員時代は、自分が見ていないところで、こんな態度、こんなことをしていたなど、社員の報告を耳にし、もしそれが本当であれば、注意しなければならないという場面がよくありました。相手に話をする前に、まずはそれが事実なのか裏付けを取ります。うわさ話をうのみにせず、手段がないなら自分で本人に確かめることも大切です。

❷そのときにその場で、そのことだけを、一対一の原則で

自分の目の前で起きたことなら、注意するタイミングも重要です。何日も経ってから呼び出して、あのときは…と持ち出すのは相手もいい気持ちはしないでしょう。そのとき、その場で注意することが大切ですが、その際、一対一の原則を念頭に置いて、相手に恥をかかせないように心配りをします。誰だって、人の前で叱られるのは嫌なはずです。見せしめのように大勢の前でさらし者にされるより、人目を避けて叱る姿勢を受け止めてくれれば、素直な態度になることも多いでしょう。また、注意する点は、そのことだけを取り上げること。「前もこうだった」「いつもそう」などの言い方は余計に相手を傷つけてしまい、相手も嫌気がさすでしょう。私も息子に向かってついつい言ってしまうのを、今、反省しています。

❸人と比べる言い方はしない

子育てでも多くみられる兄弟や友達と比べる叱り方。効果があるわけがありません。まして大人になって、「同期の○○に比べて」なんて言われようものなら、モチベーションも上がりません。人と比べて注意をするのはやめましょう。

❹相手の話を十分聴く

注意されるほうは、納得して受ける場合と、なぜ注意されるのかわからないといった態度の場合とがあります。相手にも言い分があるので、言いたいことを言いやすい雰囲気にして、最後まで十分話を聴きます。もしかしたら相手の言い分もわかる場合もありますし、やはり、その言動に問題がある場合もあります。なぜその言動をとるのかを聞き出すことで、具体的な改善策も見つかります。

❺注意・忠告をした後にフォローをする

注意・忠告した後は、何かと気まずい空気もあるものですが、だからこそ、その後のフォローは欠かせません。いつもあなたを応援している、頑張っている姿を見ている人は見ていると、期待しているからこその言動で表現します。声をかけ、指摘したことが改善されていれば褒めるなどして、コミュニケーションを図り、より人間関係を深めていくのです。

相手が注意・忠告しやすい受け方

どんな人でも、注意を受けるといい気持ちはしません。落ち込んだり、悲しんだり、誰にでもある経験だと思いますが、子どもの頃から叱られる経験が少なくなっている今、社会に出て初めて厳しい口調で注意される経験をする人も少なくないでしょう。

しかし、逆の立場になればわかるように、注意する側も気持ちよく注意しているわけではありません。むしろ、注意される人以上に苦痛を感じながらも、できればしたくないのが本音です。注意・忠告することは、本当にパワーがいるものです。

2年目で先輩になり、その後、女性の先輩アナウンサーが辞め、気がつけば、私は入社5年目で女子アナの一番上になってしまいました。それまでは後輩指導も、私だけの責任ではないと思っていましたが、一番上になると責任重大です。指導する以上は自分もできなければばならない。局の看板を背負っているプレッシャーも感じながら、言われるだけの立場がどんなに楽かと思ったものです。

そうした感情がありながらあえてするのは、やはりその人のためを思ってこそ。立場上、あるいは会社の方針で言わなければならないときもあります。

「その組織にいる以上、改めてもらわなければその人のためにならない」と考えてのうえだということを理解しなければなりません。

もちろん、先輩の立場になっても、そのまた先輩や上司から注意・忠告を受ける場面は多々あるので、聴く耳を持ち、相手が言いやすい態度が、さらに人間関係を深めていきます。

注意してもらえるのは期待されている証拠。何か問題行動をしても何も言われなくなったら終わりです。それを素直に受け入れることができるかどうかは、また、日頃からの人間関係にかかっています。

心に響く褒め方

子育てでも、「褒めて育てる」という言葉が当たり前のようにいわれていますが、褒めさえすれば真っすぐ育つかというと、そういうわけにはいきません。この言葉の裏には、「叱るときには叱り」という言葉が省略されていますが、「うちは褒めて伸ばす教育なので」と、人の道から外れることをしても叱らない親に不安を覚えることもあります。

仕事でも、褒めさえすれば相手が喜び、仕事にも身が入るだろうと思うのは過信かもしれません。肝心なのは、相手の心に響いているかどうかです。褒めても相手が褒められたと感じなければ、ただのたわいのない会話に過ぎません。心に届く褒め方を身につけたいものです。

挨拶は、相手に心を開いている意思表示であることはお伝えしましたが、さらに人間関係を深めるためには、その人を受け入れることが必要になります。その人がどんな人物なのか、その人を丸ごと受け入れ認めることが、褒めることにつながります。

世の中には褒め上手な人と、褒めることが苦手な人がいるようですが、まずはその人を観察することです。

気遣いができる人は、気づくことができる人

褒めることとは、その人に対して「本当に素晴らしい点を指摘して、喜んでもらいたい」「褒めることで、モチベーションをアップしてほしい」など気遣いの1つともいえるでしょう。

その気遣いができる人は、とにかく相手のことをよく見て、気づくことができる人です。朝の挨拶を交わした瞬間に、「今日は元気がないな」と気づいたら、

「どこか体調でも悪いの？」と声をかけて気遣うこともできますが、それさえ気づけなければ、気遣いはできません。

「気遣いができる人は、気づくことができる人」。気づければ、褒めるべきことや褒めたいことを見つけることができます。

仕事だけでなく、人間関係を深めるために、PART４のコミュニケーション術でも、褒めることの重要性を記しました。参考にしてください。ここでは、仕事に関してのポイントをまとめます。

叱るときは叱る。だからこそ、褒めて伸びる褒め方

❶タイミングよく褒める

仕事を手伝ってもらったときや丁寧な仕事ぶりに感心したときなど、その場で褒めます。

「さすがに仕事が速いね」

「いつも丁寧な仕事をするから感心するわ」

❷漠然とではなく、具体的な事実を褒める

「頼んでおいた〇〇、〇〇な工夫をしたのね。それは考えつかなかったわ」

「お願いしようと思っていたのよ。助かったわ。さすが、〇〇さん」

「いつも前向きに頑張っているね」なども嬉しい言葉ですが、漠然として伝わらないこともあるので、具体的な事実を取り上げて褒めると、この点が褒められたと相手にも伝わりやすいでしょう。

❸手伝ってもらった仕事が成功したら、その功績を口外する

手伝ってもらった仕事がうまくいき成功したら、「あなたのおかげで、こんなにうまくいった」など褒め、その功績は自分ひとりの手柄ではなく、手伝ってもらった人の功績であることを上司や同僚にも伝えます。功績を独り占めしない姿勢は、結果、自分自身の評価にもつながるでしょう。

❹人が褒めていたことを伝えて褒める

直接褒められるのは嬉しいことですが、人が褒めていたと回り回って言われるのも嬉しいものです。上司や同僚などがその人のことを褒めていたら、「〇〇部長が、あなたの電話の受け答えは素晴らしいと感心していたよ。私も見習わなきゃと思っているのよ」など、人が褒めていたことを伝え、自分も褒めます。人が褒めていたことはあえて伝えなくても済みますが、相手を喜ばせたい気持ちで伝えることができる人間になりたいものです。それができることで、自分自身の株もまた上がるでしょう。

❺人を介して褒めてもらう

その人の良い点を、上司や同僚、後輩などに話すことで「田巻さんがあなたのことを褒めていたわよ」といつか回り回って伝わります。直接褒めるよりも効果があり、人の欠点をうわさするより、人を褒めることができる人のほうが株も上がります。もちろん、お世

管理職向けの講演などでも会社員時代の経験が役立っています。上司の立場で部下を信じて任せる勇気を持つことは、子育てととてもよく似ています。

辞ではなく本音でそう思うことで。

❻過去の本人と比べて褒める

過去の本人と比べます。

「前はけっこう時間がかかっていたけれど、慣れるのが早いから効率良くなったね」など、できるようになったことなどを過去の本人と比べます。部下や後輩を褒めるときなど、その成長をしっかり見守っていることを示し、いつも見ていることも伝わります。

❼なるべく、多くの人の前で褒める

叱るときは、一対一の原則でなるべく人がいない場所を選び、褒めるときはできるだけ多くの人の前で。

SECTION

5

部下・後輩を信じて任せる勇気

部下・後輩が育つ指導

社会人になって数年も経てば、多くの人が「先輩」として新人に仕事を教える立場になります。私の場合、入社2年目には、アナウンサーだけでなく、他部署にも続々と後輩社員が入社し「先輩」の立場に。自分のことだけで精一杯の私は、しっかりしなければというプレッシャーも感じていました。

会社のなかで経験を重ね、自分の役割、立ち位置が変わっていくにつれ、「後輩指導」は「部下指導」へと変わりました。「部下」と「後輩」では責任の重みも随分違うものです。フレンドリーな雰囲気の「後輩指導」と上司と部下という見えない境界線を意識せざるを得ない「部下指導」だからこそ、悩みを抱える上司も多いのが現実です。となるとやはり、後輩指導の段階から上司となるための訓練も必要かもしれません。

年齢がたった1歳や2歳の違いでも、後輩社員はやはりかわいいものです。若い頃から「おせっかいおばちゃん」の性格で、どうしてもかまいたくなるものでした。アナウンサーと総務の仕事では内容も指導法もまったく違い、また、新卒の社員なのか、他部署からの異動なのか、中途採用なのかによっても対応は違いますが、大切なのは、部下・後輩が1人で仕事をできるようになることです。

素敵な上司、優しい先輩、いい先輩といわれたくて、部下・後輩のやるべき仕事に最初から手を貸していては、いつまでたっても一人前にはなれません。自分がしたほうが速い仕事があっても、部下・後輩に任せることで育てることが大切です。

まだまだ無理だと思っていては、なかなか重要な仕事は任せられません。もちろん、部下・後輩の立場であれば、任せてもらえるように1つひとつの仕事で結果を出すことも大切です。しかし、自分が上司・先輩の立場になると、自分の首を絞めることになるため、安心するためにも、この人ならできると思う部下・後輩に仕事を頼むことになるわけですが、それではいつまでたっても人は育っていきません。

人を育てたいと思うなら、しっかり仕事をしてくれる、できるに違いない、と信じてあげられることが、仕事を渡す、任せるということにつながります。できないと決めつけているのは自分のほうで、部下や後輩に任せる勇気がないだけかもしれません。また、あえて失敗を経験させ、乗り越える力をつけさせることも、人育てには必要なことでしょう。

私が主宰する「魅力塾」の子育てセミナーで、「子どもを信じて任せる勇気」と題して子育ての経験をお話ししていますが、まさに、部下指導、後輩指導も、子育てと似ています。この子にはまだ無理、早すぎる、そんなことができるわけがない、と決めつけているのは親のほう。自分の子はできると信じて挑戦させる勇気を持ちましょう。勇気がないのは、子どもではなく親のほうということがよくあります。

新潟県民として、新潟県が生んだ偉人、日本海軍の軍人・連合艦隊司令長官の山本五十六の名言は、いまさらながら心に染みます。まさに、子育て、教育、上司やリーダー、そして経営者、そんな世の中すべての「人育て」の名言です。

「やってみせ　言って聞かせて　させてみて　ほめ

てやらねば　人は動かじ　話し合い　耳を傾け　承認し　任せてやらねば　人は育たず　やっている　姿を感謝で見守って　信頼せねば　人は実らず」

●後輩指導の基本

- 仕事の手順やポイントを記したマニュアルを作成して渡す。
- 具体的な仕事の進め方や注意事項、マニュアルでは伝えきれない臨機応変な処理の仕方を教えていく。
- 指示に沿って的確に進めているか、仕事の節目でチェックする。
- 仕事が終了したら、結果を評価する。良い点は褒め、悪い点はどうすれば改善できるかを考えさせる。仕事の仕上がりの結果だけでなく、効率なども評価する。
- 注意・忠告をしなければならないときは、前述した点に注意しながら指摘する。

仕事に関することはもちろん、後輩のプライベートな悩み事にも気軽に相談に乗ることも、人間関係を深める機会でしょう。また、上司などから注意を受けたり、仕事でミスをしたりしたときは助言をして、前向きな気持ちになってもらうことも先輩としての役目です。

秘書検定1級のテキストから引用します。

☆なぜ、注意されたのか、本人がわかっていない場合

- どのような注意を受けたのか聞き出す。
- なぜ上司が注意したのかについて話し、その意味を理解させる。
- どのようにすればよいかを考えさせ、改善策を出させる。
- 改善ができなければ仕事に支障が出ることを話し、努力するように励ます。

☆後輩にも言い分があると思える場合の助言

・言い分があっても注意は素直に受け止め、すぐにわびることが大切である。
・その場で言い分を主張することは、雰囲気を悪くしたり上司を煩わせたりすることになるので控え、必要があれば機会を見つけて話すとよい。

☆ミスをして落ち込んでいる後輩への助言

・早く気持ちを切り替えることが大切である。いつまでもくよくよしていると、ほかの社員の士気にも影響を与え、仕事にも支障が出てくる。
・二度と同じミスをしないように仕事の仕方を見直し、防止策を考えるとよい。
・またミスをするのではないかなどと恐れず、新しい仕事にも前向きに取り組んでいってほしい。

（公益財団法人実務技能検定協会編『秘書検定集中講義1級〈改訂版〉』から引用）

かわいくもあり、心配でもあり、尊敬できる、そして、助けられることばかりだった後輩たちとの思い出

後輩指導のブレイクタイムに、私自身の先輩・後輩とのエピソードを少しお話しします。

21年間の会社員生活のなかで、たくさんの上司や先輩との出会いは宝物です。

私に出会っていただいた上司・先輩のおかげで今の私があると改めて思いますし、その関係は退職とともに終わったわけではありません。今でも「人生の先輩」との交流は続いています。同じように後輩たちともその関係が続いていることは、心からありがたいと思います。

報道制作時代のアナウンサーの後輩たちには、かなり厳しいことも伝えました。

社を代表する顔として、世間からいつも見られてい

るという意識をもつことが大事だと言っていたため、アナウンサーの仕事そのものに関してよりも、仕事に対する姿勢や生活態度にまで口出ししていました。今思えば、うるさい先輩だったでしょう。そんなことを言うわりに、飲み会で羽目をはずし、醜態をさらす出来の悪い先輩でもありました。

私自身がまだ若かった頃は、「いつか気づいてくれるだろう」と相手に対する遠慮や、嫌われたくないという気持ちが優先して、なかなか言えないこともありましたが、やはり相手を思えばこそ、必要なことは伝えるために、伝え方も工夫することが大切であることも後輩指導をしながら学びました。嫌われ役にならなければならないときもありますし、嫌われ役が会社には必要です（実際は、そこまで嫌われてはいないと思う小心者です）。

何度もいうように、仕事抜きで普段からコミュニケーションがとれていれば、いくら厳しく言っても、「自分のことを思って言ってくれている」と私の気持ちは伝わるはずと信じていました。たまには涙しながらお説教をしたこともあります。熱血で暑苦しいですね。

総務部に異動してからは、どれだけ後輩に助けられたでしょう。もちろん、まずは前任の秘書からの引継ぎがあったからこそですが、歴代の秘書のマニュアルは、私が報道制作では見たこともないようなバイブルでした。前任の秘書は、私にとっては年齢も先輩でしたが、「仕事は自分ひとりだけがわかればいいものではなく、誰が見てもわかるようにまとめておくことが重要」ということも教えていただきました。封筒に宛名印刷もできない私に引き継ぎをするのは、さぞ不安だったと思いますが、短期間で根気強く指導してくださいました。

秘書として仕事をしていくコンビを組んだ後輩は、私の後を継いでくれた後輩秘書も入れると４人。今でも連絡を取り合う仲です。そのうち３人は現在も鹿児島放送に勤務し、中核を担う社員に成長しています。定期的に会社の近況やたまに愚痴を聞いていると、傍から見る分には楽しいものです。

私の後を継いでくれた後輩は、私よりも秘書歴が長くなり、私よりはるかにプロの秘書であることは間違いありません。同じく一児の母であり、制作現場での後輩で、ディレクターをしていた女性です。一緒に番組作りをしたたくさんの思い出がありますが、番組制作の現場から総務への異動は、私と同じ道を歩んだわけです。彼女のおかげで、私は安心して新潟へ旅立つことができました。

異動してすぐにコンビを組んだ後輩からは、総務としての基本を逆に教えてもらいました。伝票ひとつ書けなかった私がなんとか作業できたのも彼女のおかげです。そして、慣れない雰囲気の部署で、温かい言葉で癒してくれたおかげで、私は徐々に自分らしさを取り戻すことができました。私の異動からすぐに他部署へ異動したため、たった半年ほどしか一緒に仕事をすることはありませんでしたが、今でも気にかけてくれる気遣いのできる後輩です。

そして、その後コンビを組んだ後輩秘書は、入社してすぐに配属された大卒新入社員でした。私自身がまだまだわからないことだらけなのに、20歳近くも歳の離れた若い子の世話までできるのか、正直不安を抱えて迎えましたが、その心配は無用でした。若者同士ではそれなりに若者ぶっていたようですが、考え方は昭和の香りが漂ってくるような古風なもので、物事の道理について、一見つつましく見えるその雰囲気からは想像もできない厳しい指摘を口にします。もちろん、昭和の女の私も同感でしたので、その昭和感覚にどれだけ助けられたことでしょう。

「私がもし10代で子どもを産んでいたら、あなたは娘のようなもの」と姉妹よりあえて親子ほど歳が離れていると強調しながらも、ワイワイと明るい総務部の雰囲気を作り出せたのも彼女のおかげです。2人して陰でどんな言葉を交わしていたかは、本書ではご勘弁ください。もともと報道志望だった彼女は、私とは逆の道を辿りました。2年の秘書生活を経て、報道記者として現場に異動し、現在はニュース作りの重要なポストであるデスクとして、鹿児島放送のニュースを作っています。今、現場でどんなことを思っているのか、ありがたいことに寄稿してくれました。退職してからも、先輩風を吹かせている私です（山之内倫子さんからの嬉しいお言葉は、本PART末のインタビューコーナーで紹介しています）。

また、退職時までコンビを組んでいた女性は契約社員で、現在は退職し母親になっていますが、そのスキルの高さと綿密で正確な仕事には頭が上がりませんでした。仕事をいかに効率的に進めるかを常に工夫し、大雑把な私とは正反対の仕事ぶり。だからといって神経質なわけではなく、おおらかに笑いが絶えない会話で盛り上げてくれましたが、またも私の上をいく昭和の感覚。社員からの要望が集まる総務で、2人して陰で言っていた言葉も割愛します。「陰の力に徹する」秘書の会話です。

素敵な女性たちが今も鹿児島放送を支えています。貫禄がついた男性の後輩から先輩呼ばわりされるのは正直、自分の年齢を再認識させられますが、偉くなった後輩たちが変わらず接してくれるのもありがたいことです。

とにかく面倒をみたくなるかわいい後輩たち。未だ心配したくなる後輩たち。そしてそんな後輩たちが昇進し、役職について会社の大きな歯車になり、いい仕事をしていることを心から尊敬します。「企業は人なり」。鹿児島の小さなローカル局ですが、1人ひとりの力が放送の大きな力を作り、故郷鹿児島の未来を支える一助となることを願っています。

SECTION

6

相手に納得してもらうクレーム対応術

1人のクレームは、物言わぬ多くのお客様の代表の声

ヒューマンスキルを一言で対人関係能力と言い切ると、苦情の対応は力を発揮する場面です。

クレームを受けるのは誰もが嫌なものですが、貴重な意見、生の声を聞くチャンス。的確に素早く対処できれば、お客様の不信や怒りを、信頼と信用に変えることも可能です。人が苦情を言ってくるのは、こちらがその人の期待を裏切ったから。人にはそれぞれ「かくあるべき」という基準があり、それを満たしてもらいたいと「期待」しています。「こうしてくれるだろう、こうしてくれたらいいな、こうしてくれるはず」と期待しているからこそ言いたくなるわけです。

一流のサービスを継続して提供するには、並大抵の心がけでは務まりません。会社、病院、官公庁の仕事などはどれをとっても、お客様相手のいわゆるサービス業のようなサービスの形はありません。しかし、どの仕事も相手に納得してもらうために行われています。ということは、すべての仕事にサービス接遇の要素があるということです。期待の裏返しであるクレームをチャンスとして活かせるかも企業の成長に大きく影響しています。

満足の基準は人それぞれなので、万人の期待に応え

るのは至難の業ですが、その苦情に耳を傾け、ありがたく受け止めるくらいの気持ちを持ちたいものです。

不愉快に思っても、だいたいの人がまあいいかと我慢しながら、苦情としてその会社や相手に伝えることなく、周りの友人などに話をしてうっぷんを晴らします。それが口コミとなり、またSNSなどでつぶやかれることで拡散してしまい、取り返しのつかないことに。1人のクレームは、物言わぬ多くのお客様の代表の声なのです。

大きなトラブルになる前に誠意ある対応で。「傾聴」「冷静」「謝罪」「迅速」

自分が見ていないことや状況もわからないことなのに、お詫びをしなければならない場合もあるでしょう。たとえ先方の一方的な勘違いや思い込みでクレームを言われたとしても、相手に不愉快な思いをさせてしまったことは事実なので、まずはそのことに対する謝罪の言葉を述べるのがマナーです。

苦情が相手の思い違いによるもので、こちらにも言い分がある場合は、相手が話し終えるのを待ってから穏やかに話し、理解してもらいます。相手の苦情がもっともなときはすぐにそのことを認めますが、話の全容を把握しないうちに「当社に責任があります」など全面謝罪してしまうと、のちに大きな責任問題につながる場合もあるので注意が必要です。

❶傾聴の姿勢　心を向けて聴く

まずは、相手の話を聞くこと。「聴く」という字のほうが適当でしょう。「聴く」という字には、心という字が入っています。相手の言い分や不満には最後までしっかり耳を傾け、相手に心を向けて聴くことが重要です。相手が話したいこと、伝えたいことを、受容的・共感的な態度で真摯《しんし》に〝聴く〟態度。じっくり聴いてもらうことで、相手の気分も落ち着き、不満や怒りも次第におさまります。

❷心は冷静に。態度は状況に合わせ、誠意ある対応

心は冷静さを保ちますが、相手が熱くなっているのに、態度が冷静すぎると余計に腹立たしく思われ、怒らせてしまうこともあります。逆に相手が冷静に話しているのに、こちらが逆ギレしては元も子もなくなります。相手の態度に合わせながら、本当に申し訳ない気持ちを言葉や態度で表現しなければなりません。

❸誠意をもって謝罪

態度や言葉遣いで誠意を表すしかありません。相手の怒りや不満がおさまらないときは、上司に代わる前に、対面なら場所を応接室などに移してみます。特別扱いをすることで少しでも気持ちを良くしてもらい、相手の心にこちらの話を聞くゆとりが生まれるかもしれません。

●この言葉遣いに注意

✕「**この件は、私ではわかりかねますので…**」

など、最初にわからないと口に出すと、自分の会社のことなのにわからないのかとさらに感情を逆なでする場合もあります。

その場合は、

◯「**この件につきましては、詳しい担当者がおります。私、田巻がきちんと申し伝えまして、担当からご連絡を差し上げます**」

など、自分もある程度は把握していることを相手にさりげなく伝えることも相手に不愉快な思いをさせないマナーといっていいでしょう。

❹迅速に対応

相手のクレームに対して、お詫びの言葉だけで済むもの、また、相手に会って対処しなければならないこと、品物の受け渡しなど、その対処はさまざまですが、適切な対応を迅速に行うことで、その速さも相手に納得してもらう要因になります。その場で即答できない場合は、何をいつまでに返答するのかを明確に伝え、必ず実行します。

放送局はクレームの宝庫

クレーム対応のブレイクタイムに、放送局のクレーム話を少々。

放送局にはさまざまなクレームや要望、質問、また嬉しいお言葉などが寄せられます。商品を売っているわけではありませんが、放送局にとっての商品は、番組や自社開催のイベントなどです。Eメールなどで気軽に問い合わせができる時代になっても、電話で直接言いたい、聞きたい方々も多数いらっしゃいます。

そのたびにお客様対応の係が対応しますが、ご年配の方からの電話など、相手が鹿児島弁であれば、鹿児島弁で返すとこちらの気持ちが伝わりやすくなります。どんな言葉を選び伝えるのか、やはり、言葉は大切です。

また、電話をかけてくる入り口が問い合わせの直通電話ではなく、総合受付であれば、報道制作の現場でも総務でも、たくさんの問い合わせに答えることになります。

今のようにホームページもない時代は、放送したお店の連絡先などはもちろん、着ている服はどこで売っているのか、髪をポニーテールにしてほしいなどのご要望も。料理番組の担当時代、菜箸の先が少し焦げている、爪が長すぎる、袖が長いと料理の邪魔になるのではないか、料理中に髪を耳にかけ直すのはいかがなものかなど、厳しいご指摘もいただきました。ごもっともです。ほんの一瞬の映像にも反響があることに心を入れ替えたものです。

秘書時代はどこの部署でも扱えない相談事に度々出くわしました。とにかく、相談です。誰かに聴いてほしいのです。放送局なら何か問題提起できるのではないかという期待があるのでしょうか。それは電話の場合や、便箋何枚にもわたる手紙の場合もありました。電話に1時間付き合ったことや、ロビーでお話を延々2時間聴いたこともあります。2時間の相談は、隣の

新潟での取材風景。これまで１万人以上にマイクを向けてきました。アナウンサーにとって重要な「聴く力」は、クレーム対応にも必要な能力ですが、未だに難しいと実感しています。

家とのご近所トラブルを警察で取り扱ってもらえないので、番組で取材してほしいというものでした。どんなトラブルかを1から聴かされましたが、このときばかりは、心を向けて聴くことには忍耐力も必要だと実感しました。いずれにしても、相手が疲れるまで聴いて差し上げると、皆さん、一様に御礼を言って帰られます。今ではこうしてネタになっていますので、人生、無駄な経験は1つもないのですね。

SECTION 7

断るときでも株が上がる！上手な断り方

ビジネスでは相手の依頼を断る場面も出てきますが、「断る」意思表示をなかなかできない日本人が多いのが現実です。電話はまだしも、直接お会いして断る場合は、相手が失望する様子を目の当たりにするので、ついつい曖昧な言い方になってしまうことも。しかし、曖昧な返事に、相手が勝手な解釈をして希望をもってしまう場合もあります。また、会社対会社ではなく、個人的な関係でも、断り方ひとつで人間関係も変わってしまうことを覚悟しておかなければなりません。仕事上の断り方と、個人的なお付き合いの断り方に分けて見てみましょう。

ビジネスでの断り方

●相手にしっかり「ノー」だとわかる返事をする

できないことをはっきり言いますが、相手への心配りを忘れずに、お詫びの言葉も添えて配慮します。

「申し訳ございませんが、お受けいたしかねます」

「残念でございますが、お引き受けいたしかねます」

「せっかくのお申し出ですが、ご期待に添えず申し訳ございません」

「このような件は、弊社ではお断りすることになっております。申し訳ございません」

「この件につきましては、部長の○○からお断りするようにと申しつかっております。ご期待に添えず申し訳ありません」

期待を持たせる言い方や曖昧な言い方をしない

「一応、考えておきますが…」「検討はいたしますが…」などは、検討の余地があると解釈され、相手に期待をもたせてしまいます。「担当ではないので」「時間がないので」などの曖昧な答え方も、「担当者は誰か」「いつ来ればよいか」など突っ込まれることになります。

誠意ある対応で好印象に

相手の意向に沿えないはっきりした理由や事情がある場合は、誠意をもって話します。機密事項に関わることなら本当の理由を言う必要はありませんが、それなら仕方がないと納得する理由を伝え、もし代替案がある場合は、完全に断るよりは対応もしやすいでしょう。代替案がない場合も、誠意をもって相手の話を最後まで聴くことが、断っても好印象につながります。

個人的なお付き合いの断り方

仕事を通した人間関係には、個人的な誘いを受ける場合も少なくありません。また、友人や知人からの誘いを断るにも、人柄が表れるものです。その場合は、仕事上と同じようにお詫びの言葉とともにお断りすることになりますが、会社対会社の場合よりも、態度、振る舞いにその人自身が感じられます。会って話をする場合は伝わってくるものがありますが、文字だけの返信の場合は、なかなか伝わりにくいものです。

私は、仕事でもプライベートでもイベントを開催してきましたが、誘って悪かったと後悔したり、反対に、断られた相手により親しみをもち、素敵な人だと感じたこともあります。身近なSNSやEメールなどのツールで断るときでも株が上がる上手な断り方とは？

私自身が、メールなどの返信で気をつけていること

は、

- すぐに返信をする
- すでに調整ができない仕事や用事が入っている場合は、断りの返事をする
- 今のところ未定であれば、わかり次第返事をすると伝える
- 断る場合は、相手を思いやる心をもつ

相手にとって一番タチが悪いのは、行く気がないのに先延ばしにして返事をしないことです。また、誘いを受けてから随分時間が経って返信する、または、いわゆる「既読無視」の状態もいい印象を与えません。イベントなどを主催したことがある人は、集客の人数把握などで経験があるでしょう。マナーの基本、相手の立場に立てば、まずは何らかのアクションをすることです。

例えば、私が過去に主催した大人のハロウィン仮装パーティー。約100人のパーティーは大成功しましたが、その誘いのほとんどをSNSやメールを使って集客しました。その返信の仕方で私はたくさんのことを学びました。参加希望者の返信は一様にハイテンションです。それは主催者からすると、簡単なコメントでも嬉しいものです。しかし、お断りの返信はさまざまなものでした。その人だけに向けたメッセージにまったく反応がない場合や、気軽に誘ったつもりがあまりにも謝られてしまい、誘って悪かったと反省したことも。いろいろな返信のデータから株が上がる断り方をまとめました。

- 誘ってくれたことへの御礼
- 状況や気持ちに共感した言葉
- 行けない理由とお詫びの言葉
- 素直な自分の気持ち
- 代替案があれば提案

もちろん、人によってその言葉遣いもさまざまですが、いただいた返信文のなかからご紹介します。

専門学校でのマナー講座。社会に出る前に社会人としての心構えなどを学びます。人間関係の重要性は基本。「人として」どうあるべきか、各自が考え答えを出していきます。

「こんにちは。とても楽しそうなイベントへのお誘い、ありがとうございます。内容を聞くだけでワクワクしますね。たまには大人も仮装をして盛り上がるのはいいですね。ぜひ一緒に楽しみたいと思ったのですが、その日はちょうど出張で新潟にいないので、すごくすごく残念です。パーティーの成功をお祈りしていますね。私は行けないけど、イベント好きな友人に聞いてみましょうか。いつまでに参加表明すればいいか教えてください。また連絡しますね」

丁寧な返信だけでもありがたいものですが、友人に声をかけてみようかという気遣いがとても嬉しかったのを覚えています。私自身もプライベートで断ることは苦手ですが、気遣いができる人でありたいと思っています。

SECTION 8

落ちこぼれ秘書の失敗・エピソードから学ぶ秘書のヒューマンスキル&マナー講座

秘書として数々の失敗のなかでも、お客様をおもてなしする基本、茶菓接待で、落ちこぼれ秘書は期待どおりつまずきました。そもそも秘書になりたての頃といっても、40歳目前の大人すぎる大人です。しかも一応主婦。それなのに私は、一度に3人以上のお客様にお茶を出したことがありませんでした。報道制作の現場に番組ゲストとしてお客様をお迎えしても、私はお客様の相手が仕事のため、庶務の女性やADさんがお茶を出してくれるわけです。また、大勢の場合はペットボトルや紙コップで事足りました。

言い訳ですが、アナウンサー時代は美味しいお茶の

お茶出しの失敗談

最近は入社したばかりの若手男性社員がお茶を出す機会も増えています。男性客には女性のおもてなしのほうが喜んでいただけるかもしれませんが、女性としては、イケメンの男性社員からお茶を勧められると気分も上がると思うようになった私は、やはりおばちゃんです。あくまでもイケメン&感じがいい男性が好みです（そうでない方、ごめんなさい）。

いれ方など特集を組むため、その知識はあるのですが、実際にどのようにお茶を出すのがマナーなのか、考えたことがなかったのです。いれたら、どうぞと出す。それだけです。

そんな調子で総務部へ異動したため、七分目程度でいい量をサービス精神旺盛でなみなみと注ぎ、お客様がおっとっとと生ビールのように茶わんに口を持っていく。なみなみと注いでいるうえ、最初から茶わんを茶たくにセットして運び、茶たくにお茶がこぼれる。その茶たくも木製の場合、木目を横にして出すなど知るはずもなく。2人分のお茶を用意して入室したら、3人座っていて後ずさりして退室。お客様との面談時間が長時間になっていることに気づかず、社長から珈琲を催促される始末。今思っても、意気消沈です。

秘書のマナー講座❶ 茶菓接待・応接室でのマナー

❶お茶をいれる

- お茶の濃さが均一になるよう少しずつ回し注ぎをし、量は一般的な打ち合わせなどの場合は茶わんの七分目くらいを目安に。
- 会議後に食事をする場合は、やや多めの八分目くらいを目安に。お茶のおかわりは、基本的に新しいお茶を出しますが、大人数の食事の場合などは、注ぎ足しをしていました。

❷お茶を運ぶ

- 運んでいるときに茶たくにこぼれないよう、茶わんと茶たく（重ねて）は別々にしてお盆に載せます。清潔なふきんも一緒に。
- お盆は胸の高さくらいで。来客には蓋つきの茶わんで出していましたが、蓋がない茶わんや夏場の冷たい飲み物のグラスなどのときは特に、お盆を少し片側に寄せて、自分の息がかからないよう配慮しました。

❸応接室に入室

・ノックは軽く3回。2回はトイレノックを想像させます。話を妨げない程度の声で「失礼いたします」と一声かけて入室。来客が多い場合は、時間がかからないように同僚と手分けして出していました。

・お盆は、一度サイドテーブルへ。ない場合はテーブルに置きますが、その際は少し離れた場所でセットします。

❹お茶やお菓子を配る

・茶わんの底をふきんで拭きながら茶たくにセットします。茶わんの底が茶たくにくっついて一緒に持ち上がることを防ぐためです。

・上座から順に「どうぞ」「失礼します」など一言添えて出しますが、来客が話しているときは黙礼して出します。

・お茶と一緒にお菓子も出すときは、お菓子を先に出し、来客から見て左側にお菓子、右側にお茶が並ぶように配置します。おしぼりも出す場合は、お茶を中心に右側に置きます。

・自社の社員には、たとえ役職が上の人であっても、来客にすべて出し終えてから出します。

・基本的には相手の右側から両手で出しますが、無理な場合は「前から失礼いたします」など一言添えます。奥の人の近くまで行けない場合は、お茶を送ってもらうのは許容範囲です。

・木製の茶たくは、木目が横になるようにし、お客様の正面に茶わんの絵柄が向くようにセットして出します。

❺退室する

・お盆を脇にかかえて持ち、ドア付近で一礼して話の腰を折らないよう「失礼いたしました」と退室します。

こんな場合は？

●面談が長時間になった場合

会社によって慣例があると思いますが、1回目のお茶を出して30分から1時間をメドに、次のお茶を用意します。この場合は、お茶の注ぎ足しはせず、新しいお茶を準備して出しますが、2回目は珈琲などにすると気が利いていると喜ばれるでしょう。しかし、長引いている場合や、機密事項や商談の難しい話の場合など事情もあるので、タイミングも重要です。特に問題のない和やかな面談で、催促されてしまうことが度々あった私が言うのもなんですが…。

●お客様を案内して応接室に入ったら、前のお客様の茶碗がそのままになっていた場合

お客様に謝って応接室の入り口で待ってもらい、急いでテーブルを片付けます。

お客様に座ってもらって、目の前で片付けするのは厳禁。

●お客様を案内して、上司が来るまで待ち時間がある場合

約束の時間より早く到着した場合や上司の都合で待たせる場合、先にお茶を出しますが、上司が来て再びお茶を出す場合は、最初に出したお茶は下げ、お客様にも再度いれたお茶を出します。

●応接室にお茶を出しに行ったら、名刺交換中だった場合

お茶を出すということは、相手をもてなすということです。相手が他のことをしているときにお茶を出しても、もてなしにはなりません。名刺交換や挨拶が終わり、椅子に腰かけるのを待って、お茶を出します。

●お客様と上司（部長）のお茶を出しに行ったら、専務も座っていた場合

お客様と専務に先にお茶を出してから、上司の分をもう一度出すようにします。来ていたのが専務ではなく課長であれば、お客様と上司に先に出し、課長の分を後で出します。

●テーブルに書類が広げてある

自分で勝手に脇に寄せたりしないで、声をかけてスペースを空けてもらうようにします。

電話応対の失敗談

今思い出すと自分でも笑ってしまいますが、入社当時、電話で「いつもお世話になっております」と言われ、「この人初めてだし、お世話になっていないし」と思っていました。そんな無知な社員でしたので、「はじめまして」などと返してしまい、相手はさぞびっくりしたでしょう。会社対会社でいつもお世話になっているという意味で、ビジネスの場では社交辞令であることをなぜ教えてくれなかったのかと、先輩や上司を恨む落ちこぼれ社会人でした。

電話恐怖症になり、緊張のあまり「総務部でごじゃいます」「鹿児島放送でございやす」と言ってしまったことも。幼児言葉か時代劇か、なぜそうなったのか今でも不思議です。秘書歴何十年という経歴の有名な社長秘書に電話をしなければならないときは、何をどのように伝えるか言葉遣いをメモしてオドオドしていました。

社長への取り次ぎの失敗は日常茶飯事。名前を聞き慣れない相手が、さも社長を知っているように話すこともよくあります。「そんな人知らない」という社長に向かって「忘れっぽい」などと言う始末。取り次いでみると、マンション購入の勧誘。あの手この手の勧誘の手腕にびっくりしますが、社長から「またマンションだったよ」と言われて苦笑い。逆に、本当の友人の電話を切ってしまう落ちこぼれ。これは、社長本人も後になって友人だと思い出した結果なので、二人三脚の失敗です（2代目社長のエピソードです）。

あのときは、冷や汗が出ました。ノベルティの売り

表情は声に影響するため、鏡を持って笑顔を確認。笑顔は難しいと実感する学生も多いものです。電話応対は相手が見えないからこそ、声や言葉遣いで印象が左右されます。

込み電話を他の部署につなぎ、「またノベルティのことだけど、総務よりも販促関係。毎度毎度で申し訳ないけど、適当に話、聞いてくれるかなあ」と話したら、電話の向こうで「は？」と息をのむ声。一瞬で電話をかけてきた相手と察しましたが、何もなかったように声色を変え、その後何を言ったか覚えていません。保留ボタンと内線を間違ったのか、電話が故障したのか、何かの陰謀か。穴があったら入りたいとはこのことです。皆さんも気をつけてくださいね（泣）。

秘書のマナー講座❷ 電話応対のマナー

電話応対の基本例を次ページにまとめましたので、ぜひ参考にしてください。

の基本例

名指し人が不在または電話中	▶ ○○でございますね。申し訳ございません。 ▶ ただいま席をはずしております。▶ ただいま外出しております。 ▶ ただいま他の電話に出ております。 ✚ いかがいたしましょうか。✚ 戻り次第こちらからお電話差し上げますが。✚ よろしければ私が代わってご用件を承りますが。✚ 終わり次第こちらからご連絡いたします。
自分で判断できない	▶ 申し訳ございませんが、私ではわかりかねますので、担当の者と代わります。少々お待ちくださいませ。
相手が名乗らない	▶ 失礼ですが、どちら様でしょうか。 ▶ 恐れ入りますが、どちらの○○様でしょうか。
聞こえにくい	▶ お電話が少々遠いようでございますので、もう一度お願いいたします。 ▶ 恐れ入りますが、もう一度おっしゃっていただけますでしょうか。
伝言を頼まれ、復唱する	▶ お伺いいたします。 ▶ 念のため、復唱してよろしいでしょうか。 ▶ それでは、復唱いたします。（復唱させていただきます。） ▶ 確かに承りました。○○が戻りましたら必ず申し伝えます。 ▶ ご用件は○○に申し伝えます。わたくし、○○と申します。
相手を待たせる	▶ 恐れ入りますが、しばらくお待ちくださいませ。 ▶ 大変申し訳ございません。少々お時間がかかるようですので、折り返しこちらからお電話差し上げましょうか。
終わりのあいさつ	▶ お電話ありがとうございました。 ▶ それでは、どうぞよろしくお願いいたします。 ▶ 失礼いたします。

【図 02】電話応対

名乗る	▶ ○○会社でございます。 ※キャッチフレーズをつけて名乗る会社もあるので、会社や部署の方針で名乗り方もさまざまです。
ベルが鳴って3回以内に取る	▶ はい。○○の○○でございます。 ※１コール途中などあまり早く出ると相手も驚くため、相手の気持ちの準備も考えて２コールを基準に。
3コール以上待たせた場合は	▶ お待たせいたしました。○○でございます。
メモの準備	※当然のことながら、筆記用具とメモ用紙は前もって準備しておく。
相手の確認	▶ ○○会社の○○様でいらっしゃいますね。
はじめのあいさつ	▶ いつも大変お世話になっております。 ▶ こちらこそ、いつもお世話になっております。 ▶ 先日は大変お世話になりました。
自分への電話	▶ はい。わたくし○○でございます。
取り次ぎ	▶ ○○でございますね。かしこまりました。 ▶ 少々お待ちくださいませ。

電話のマナー

相手が見えないからこそ、声や言葉遣いで印象が左右される

いくら言葉遣いをきちんとしても、見えないからとふんぞり返った態度で話していては、それは受話器を通して伝わるものです。電話口で御礼を言うのに、何度も頭を下げながら会話していた母の姿が思い出されます。

態度と言葉遣いとの相互作用で顔が見えない相手にも伝わり、またその部署全体の士気にもつながります。

私はいつも、デスクに鏡を置いて身だしなみと笑顔の確認をしていました。通販のコールセンターの各デスクに鏡があるのはそこにお客様がいるつもりで対応しているからです。表情は必ず声に出るものです。デスクに鏡を置くことをおすすめします。

相手を待たせる場合

2、3分であっても、待っている人にはかなり長く感じられるため、長く待たせる場合は、途中で出て、相手の意向を聞きます。

かなりの時間を待たせるようなら、そのことを伝え、改めてこちらからかけ直しますが、その際、相手に何時頃に電話したらよいか都合を確認します。

取り次いでもらった電話に出る場合

「お電話代わりました。○○です。いつも大変お世話になっております」

取り次ぎに時間がかかった場合は、「お待たせして申し訳ございません」などを付け加えます。

いきなり用件に入らない

こちらからかけたときは、「今、よろしいでしょうか？」など、まずは相手の都合を聞きます。特に、携帯電話にかけるときなどは相手がどのような状況かわからないため配慮します。

電話をかけたほうが、切るきっかけを作る

用件が済んだら、電話をかけたほうが切るきっかけを作るのがマナー。しかし、相手が目上の人や立場が上の場合は、こちらからかけていても相手が切るのを待つようにします。

●**言葉遣いに注意**

社内の者に伝言する場合

✕ ○○にお伝えします。

○ ○○に申し伝えます。

伝言を受けたとき、社内の身内に対して「お伝えします」は敬語を使っていることになります。「申し伝えます」の一言が使えるかは、イメージを大きく左右します。

上司や同僚から、相手に伝言するように言われたと話す場合

「○○の件につきまして、～とお伝えするように申しつかっております」

✕ **田巻は本日、お休みをいただいております。**

✕ **田巻はお休みを頂戴しております。**

✕ **田巻は休ませていただいております。**

○ **田巻は本日、休みを取っております。**

電話応対でよく聞く言葉遣い。社内の人間の「休み」に「お」をつける必要はなく、休みをくれる会社や上司に「いただく・頂戴する」など謙譲語を使うのも間違い。お客様から休みをもらっているわけでもありません。

名刺交換のエピソード

自分の名刺を手にしたときのことを覚えているでしょうか。社会人としての自覚が芽生える瞬間でもあります。名刺社会の日本では、自己紹介には欠かせないもう1つの顔。社会人生活で最低1日に1人と名刺交換したとしたら、私は最低でも1万人以上の方に名刺をお渡ししていることになりますし、いただいた名刺もご縁の証しです。

名刺交換にも、差し出して受け取る場合と、同時交換の場合、一対一か大人数かなど、基本を中心に臨機応変に対応する慣れが必要です。

手から手へ渡すことが当たり前の名刺を、横柄な態度でテーブルに置いて滑らせた方、忘れません。トランプを配っているのか、「この水割りをあなたに」とカウンターで滑らせるような（あくまでもイメージですが）開いた口がふさがりませんでした。

また、素敵な女性が、両手で水をすくうように名刺入れを掌のなかに入れ、私の名刺を名刺入れにのせたまま、頭上に高々と上げて、崇め奉るようにははぁ～とは言いませんでしたがそのようにされたときは、古くから名刺盆を使っていたなごりとはいえ、何かを献上された神様やお代官様のようで違和感。もちろん、名刺入れを持っている場合は、名刺入れを左手に持ち、名刺盆代わりとして受けながら右手を添えますが、本に書いてあることと、実際にやってみるのは大きな違いがあります。

相手に差し出し、相手の名刺を両手で受け取ることが基本ですが、最近では同時交換が主流になってきました。相手から差し出されたとき、自分の準備ができていないことに焦って名刺入れをごそごそと探し、相手を待たせて無理やり同時交換する様子も見られます。すでに相手が差し出した場合はまずは両手で受け取ることこそ大切です。

名刺社会の日本だからこそ、基本は押さえておきたいものです。

秘書のマナー講座❸ 名刺交換のマナー

●どちらかが先に差し出す場合

名刺の渡し方

・会社名、名前を名乗りながら相手が読めるように両手で差し出します。

「はじめまして。私、○○会社の田巻華月と申します」

「いつもお世話になっております。営業部の田巻華月と申します」

・「目下の人」「訪問者」から出すのが基本ですが、社歴が若い社員は特にいつも自分から相手に差し出す

社会人として恥ずかしくないよう、企業での名刺交換の練習風景。頭ではわかっていても、実際にしてみると、細かい点で疑問も生まれてきます。「知っている」を「できる」へ。

気持ちで。相手が先に出した場合は、「申し遅れました」の一言。

・名刺は両手で持ち、立って渡すのが基本。しかし、さまざまなケースがあるため臨機応変に対応できるように心がけます。テーブルがある場合は、回り込むなどして相手の正面に立ち、テーブル越しは避けますが、スペースが狭いときなどは「テーブル越しに失礼いたします」など一言添えます。

・テーブルなど名刺入れを置く場所があれば置いて、名刺だけを両手で持って差し出したほうがいいでしょう。左手に名刺入れを持っている場合は右手で出しますが、名刺入れを両手の人差し指と中指で挟んで、名刺を親指と人差し指で持ち、両手で渡すケースもあります。

名刺の受け取り方

・両手で受け取ります。その際、指先を揃えて受け取り、左手を名刺盆代わりにして右手を添えるとより丁寧さが伝わります。

・受け取るときは、「頂戴いたします」「ありがとうございます」、預かって渡す場合などは「お預かりいたします」など一言添えます。

・読み方がわからない場合は丁寧に尋ねます。

名刺の同時交換の場合

自分と相手が同じタイミングで名刺を出す、同時交換が主流になってきました。その際も受け渡しの基本は一緒です。

・会社名、自分の名前を名乗りながら最初は両手で持って挨拶をし、渡すときは右手で相手の左手に差し出します。

・同時に左手で相手の名刺を受け取ります。

・すぐに左手に右手を添え、両手で受け取る形にします。

・名刺入れを持っている場合は、名刺入れを名刺盆代わりに左手に持ちながら、同じ動作をします。渡すときは、名刺入れを持っている左手に差し出し、受け取ったら、すぐに右手を添えて両手で受ける形にします。

名刺交換の順番と置き場所

・相手や自分の側が複数の場合、役職が上の人から名刺交換します。訪問した上司と相手側の上司、続いて訪問した側の部下の順番です。

・そのまま応対に入る場合、受け取った名刺はテーブルの上に置きますが、名刺を名刺入れの上に置き、自分の左前に置きます。数人の名刺をいただいたときは、一番役職が上の人の名刺を名刺入れの上に置き、座っている人と対になるように並べます。

郵便物のエピソード

総務部時代、社員が出すはがきや封書を郵送前にチェックする際、何度も「〇〇行」を「〇〇御中《おんちゅう》」と書き直したものです。「行」を二重線で消して「御中」にすることは基本中の基本ですが、ここの社員はこんなことも知らないのかと思われるギリギリセーフで訂正できました。おしいとつぶやいたのが、「御芳名」の「御」だけ二重線で消している場合。「御名前」の場合は「御」だけでいいのですが、「芳名」は相手の名前の尊敬語。御芳名はこれにさらに「御」をつけた慣用語のため「御芳」を消します。ちょっとしたことかもしれませんが、1人の社員のその常識のなさが、企業の印象を大きく左右します。

ちなみに、若い社員よりもビジネスマナーを学ぶ機会がなかったであろう管理職に見られた傾向です。こっそり直していたのは、陰の力といえるでしょうか。しかし初めて「御中」を知った学生時代、おなかごちゅう？ 読み方を調べた私です。

秘書のマナー講座④ 返信はがきのマナー

「御中」は組織のどなたか、なかの人（担当がわからない場合など）に対して使う敬称であり、「様」は特定の相手に対して使う敬称です。「御中」は会社や団体などの「組織」そのものに対して付ける敬称であると認識している人も多くいるようですが、これは大きな間違いです！

「会社名 ＋（部署名）」＋「御中」
「会社名 ＋（部署名）」＋名前「様」

御中と様は同時に使わないのは常識です。

✕ 「株式会社○○ 御中 ○○○○ 様」
〇 「株式会社○○ ○○○○ 様」

また、逆に自分が返信用はがきを用意する際には、自分あての表記に「行」と表記しておくことを忘れずに。たまにご丁寧に、自分の名前に「様」や会社名に「御中」をつけているはがきもありました。さらに、返信してもらう方法もさまざまですが、返信用封筒に宛名を印刷し、切手を貼るか料金別納など相手に料金の負担など手間をかけさせないことも大切です。

返信用はがきの書き方

「株式会社〇〇行」となっている「行」を縦に二重線で消し、「御中」とします。

返信用はがきの裏面の「御出席」「御欠席」の該当しないほうを、縦に二重線で消します。出席する場合は、「御欠席」を二重線で消し、「御出席」の「御」、「御住所」の「御」、「御芳名」の「御芳」を二重線で消します。「出席」は、丸で囲んでも、囲まなくてもよいです。

出欠どちらの場合も、「喜んで出席させていただきます」「残念ですが、出張のため欠席させていただきます」など一言添えます。

断る場合は、「出張のため」「すでに予定が入っているため」など理由を書きますが、「時間がない」「忙しい」などは失礼です。

返信用はがきの書き方（表）

返信用はがきの書き方（裏）

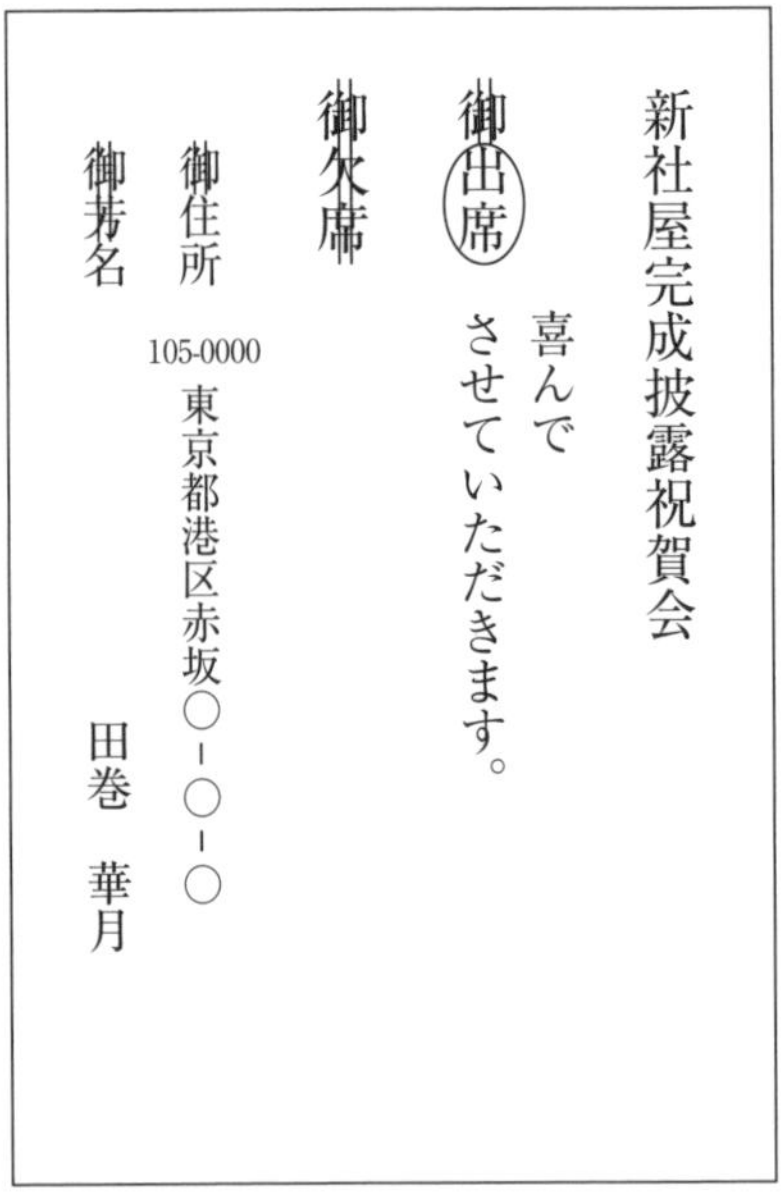

秘書検定 過去問にチャレンジ！

5

選択問題 **【技能】**

秘書A子は新人B子から，「上司から清書するようにと渡された手紙の草稿の中に，意味の分からない語句がある。どのような意味か教えてもらいたい」と言われることがある。次はこのようなときA子が教えたことである。中から不適当と思われるものを一つ選びなさい。

1)「衷心よりおわび申し上げます」とは，「心の底からおわびします」という意味である。
2)「ご同慶の至りに存じます」とは，「私にとっても喜ばしいことです」という意味である。
3)「ご来臨の栄を賜りたく」とは，「貴重な意見を聞かせてもらいたい」という意味である。
4)「他事ながらご休心ください」とは，「私のことは気に掛けないでください」という意味である。
5)「鋭意努力いたす所存でございます」とは，「一生懸命努力するつもりです」という意味である。

（準1級試験問題より）

解答 3

「ご来臨の栄を賜りたく」は，相手に「出席してもらいたい」ということを敬って言う言葉なので不適当。「貴重な意見を聞かせてもらいたい」という意味の語句は，「ご高見を賜りたく」などになる。

INTERVIEW 3

他人のために努力すると「幸せの連鎖」が起こる

株式会社鹿児島放送
専務取締役
永池誠悟 氏

田巻華月さんは、平成元年４月入社、報道制作部アナウンサーとして16年余り勤務、平成17年11月に人事異動で総務部へ、翌平成18年４月総務部副部長へ昇格、平成22年３月にご主人の勤務の都合で退職されました。

田巻さんが人事異動で総務部に異動してきたのは、私が総務局長になって1年ほど経過した頃でした。ちょうどその頃、当社の人事評価制度を再構築すべく検討していました。人事体系や給与制度、評価制度を侃々諤々《かんかんがくがく》議論していた頃でした。その結果、社員に求める人材像は、「この業界で一目置かれるプロフェッショナルな人材」となりました。

当社は小さなローカルテレビ局ですが、その業務は他の大きなテレビ局と同じように多岐にわたっていますので、部門ごとに優秀な人材に育ってほしい、具体的な目標を決め頑張ってほしいということでこの人材像になったわけです。これは、多彩な才能を持った人材が各部署でそれぞれ頑張り、地元のテレビ業界のなかでも「ＫＫＢの〇〇さんは、すごいよね」と言われるような人材が多くなれば、当社は自然に立派な会社になれるはずだということです。敏腕な報道記者、機転の利くアナウンサー、番組作りに秀でたプロデューサーやディレクター、スポンサーに信頼される営業マン、先の読める番組編成マン、難しい要求をこなす技術屋さん、すぐにイメージできます。しかし、総務部はなかなかイメージができない。私は、「総務部は、社員みんなのために働く、そのために必要な資格を取ってプロフェッショナルに近づこう」と話しました。そして次第に総務部員が衛生管理者、簿記、個人情報保護士の資格取得に頑張り始めました。

そんななか、社長秘書の田巻さんは、「秘書技能検定」にもチャレンジし始めていました。子育ても忙しいはずなのによく頑張る人でしたね。一度目標を決めたら頑張り通すそんな感じでした。数人しかいない総務部ですが、そうやって自分を高めることで、その部の価値も高まっていきます。そして、総務部として周りにいる社員に最高の知識やスキルで対応できるようになるわけです。田巻さんを頼りにする社員も多くなっていました。

当時私は、「幸せの連鎖」を起こすことをよく考えていました。幸せの連鎖とは、自分のためではなく、他人（会社においては他の部の人）のために努力すると、会社全体のベクトルも揃うし、いずれは自分に返ってくるということです。いろいろな能力開発や人生の指南書に書かれていることと同じです。１つうまくいけば、次の目標も出来てきます。そんなことをやりながらみんなでこの会社を何とか立派にしたいという思いでした。田巻さんも「幸せの連鎖」のなかにいました。

INTERVIEW 4

「秘書力」を活かしニュースを伝え続ける

山之内 倫子 氏
株式会社鹿児島放送
報道情報センター主任

あの頃の自分を「秘書」と呼ぶには本当におこがましいほどの仕事ぶりだったと思いますが、そんな生活も今では一変し、ペンとマイクを手に各地を駆け回る日々を過ごしています。

鹿児島放送に入社してすぐに配属された総務部。新入社員だった私は田巻さんのもとで2年間、社会人としての知識やマナーをみっちり教わり、秘書検定2級を取得しました。秘書は上司のサポート役だけでなく、社内の調整ごとや、時に会社の代表としての対応を求められます。そうした経験のなかで、組織や社会はたくさんの人が関わって成り立っていることを知り、「人間関係の大切さ」を学んだことが一番の収穫でした。

異動に伴い、報道の世界に足を踏み入れて8年余り。現場に行き、そこで起きていることを自分の言葉で伝えるのが記者としての今の私の仕事です。

事件・事故や災害、ロケットの打ち上げに海外取材など、たくさんの現場でたくさんの人の思いに触れてきました。そうした誰かの思いをテレビで届けるためには原稿を書く記者だけでなく、映像を撮影するカメラマンや編集マン、アナウンサーなど多くの人が携わるので、「コミュニケーション」が欠かせません。

さらに、ニュースをわかりやすく伝えるうえで重要なのが「言葉」。その「コミュニケーション」と丁寧でわかりやすい「言葉」遣いは電話や来客応対などを基本に社内・社外との潤滑油としての秘書の仕事に共通するものを感じています。

対象が上司や顧客から取材対象者や視聴者に変わっただけで本質は同じです。

取材のなかには悲しみに暮れる人にマイクを向けることや大きな組織に立ち向かわなければならないときがあります。ただ、どんな現場でも心がけてきたことは、ニュースの裏側にいる人まで考えた「心ある記者でありたい」ということ。

それは報道に異動する際、田巻さんから贈られた言葉であり、また、常に「相手のために」を意識しながら過ごした秘書時代に培《つちか》われた感覚でもあるように思います。


社会人のスタートを秘書として出発した私は、世間一般でイメージするような、いわゆるガツガツしたタイプの記者とは少し違うかもしれません。ただ、そんな取材スタイルだからこそ築けた人間関係や伝えられたニュースもありました。記者でもどんな仕事でも必要とされる「人とのつながり」。その大切さを教えてくれた「秘書力」を活かし、きょうもニュースを伝え続けています。

手紙

個人事務所M＊Fleur（エムフルール）を立ち上げるきっかけを辿ると、これまでの人生で忘れることができない、サプライズな出逢いが絡んでいます。

2013年の11月、行きつけの珈琲店から帰ろうとすると、私の鹿児島ナンバーの車のワイパーに、何かが挟んであるのを見つけました。紙ナプキンに書かれた手紙です。

雨が降っていたので入り口近くに車を停めましたが、ちょうどそこは珈琲店の大きな窓からナンバーも確認できる場所でした。少しためらいながら紙ナプキンを広げると、雨に打たれて今にも消えそうになっている鉛筆書きのメッセージ。そこには、送り主は言葉の魔術師を想像させる熱い思いが綴られていました。

鹿児島ナンバーの車が停まるのを偶然見かけ、降りてくる私を見たら、いてもたってもいられなくなって手紙を書いたと。長崎の出身で、新潟に嫁いで来たこと。新潟で九州を思う気持ちなどが伝わってきました。一瞬目が合った女性がいたことは覚えていたので、直感を信じ、書いてあったメールアドレスに連絡しました。後になって夫や友人たちに、「新手の詐欺だったらどうしたのか」と言われましたが、そのときの私はまったく不審に思わなかったのです。それどころか、その文章には早く連絡しなければと思わせる力がありました。1週間後、前から知っていたように会ってみると、まったくの同い年。しかも彼女は私の出身高校の長崎の姉妹校出身。さらには、福岡でマスコミに勤務し、イベント企画やプロデュースをしていた経歴の持ち主だったのです。そこから意気投合していろいろなことがスタートし、当時専業主婦だった彼女は、今や起業女子の強い味方です。

M＊Fleurのロゴや「あなたと月と華の道」のキャッチコピーを考えてくれた心友とは彼女のことでした。彼女に出会っていなかったらきっと今の私はないと思うくらいです。

その出会いの話は、多くの友人や知人たちを驚かせていますが、主宰する魅力塾の受講生の1人が、ブログでこんなふうに紹介してくれたのも、ありがたいことでした。

「まるで映画みたいなストーリーだけど、もとを正せば機会をのがさずアクションをおこしたMさんと、相手のことを肯定的に受けとめる華月さんの人間性があったからこそで、同じことが同じように起きたからといって、そのような関係性が生まれるわけではないかもしれません。同時に強く感じたのは、自分の人生を全面的に信頼することは、時として予想を超えたサプライズを見せてくれるということ。人は自分の直感を何かの勘違いかもしれないとごまかして遠ざけてしまうことがあって、それは今までの経験の結果かもしれませんが、そんなものを飛び越えて出来事を強く肯定的に見るというのは思いもよらない出来事を運んできてくれます。人間力の高さが人を強く惹きつけるのだと思います」。

サプライズな出来事に度々恵まれる私ですが、すべては自分の直感を信じて動いてきました。その後、私たちが出逢ったことでさらにつながる人のご縁は不思議です。ネタになると思い、紙ナプキンを元に戻して写真にもおさめました。もちろん、その手紙は大切にとってあります。

今思えばあのとき、店内から見えないいつもの場所に駐車したら。雨でアドレスが消えていたら。疑念が生まれ連絡をしなかったら。M＊Fleurを立ち上げることはありませんでした。私にとっての恩人　心友　腹心の友に改めて感謝の気持ちを贈ります。

PART

4

「秘書力」で
コミュニケーションスキルアップ！

人間関係に磨きをかける

SECTION

1

仕事の成功は、「人とのつながり」の積み重ね

仕事でキャリアアップし、スキルアップすることに秘書力がとても役に立つことはお伝えしているとおりですが、あくまでも秘書力は知識やスキル、経験です。

その学びとともに、仕事をしていくうえで大事な人間関係こそが、仕事の成功を左右します。

人間関係の理論については、秘書検定2級の公式テキストでも学ぶことができます。ハーバード大学の臨床心理学者メイヨーらが、職場における人間関係の重要性を実験で証明しました。賃金や休暇などの労働条件や職場環境より、職場での非公式な集団の人間関係や人間感情のほうが、生産性に与える影響は大きいと証明したのです。その結果、経営における人間関係論の研究が進み、現代の企業においても、職場での人間関係が重視されています。

主宰する魅力塾の交流会で、「なぜ、何のために働くのですか?」とインタビューしたことがあります。参加者全員が個人事業主の起業女子です。

経済的に自立。家族を守るため。アロマ、着物、お花、食の素晴らしさを伝えたい。頑張っている自分を好きでいられるために。強い自分でいるため。自己実現。自分の存在価値の確認。その答えはさまざまでし

たが、全員に共通したのが、「仕事を通して人とのつながりを作るため」でした。「仕事のため」より「人とのつながり」を最終目的にしながら、それは、必ず仕事に返ってくると知っていました。

『創業の秘訣は「人とのつながり」の積み重ね』

これは、平成27年8月に鹿児島県中小企業団体中央会から創業・起業セミナーをご依頼いただいたときの講演タイトルです。新潟在住の私をわざわざ呼んでくださったので、鹿児島まで帰省させていただきました。タイトルに迷っていたとき、私の近況を知っていた担当者が考えてくださったのがこのタイトルでした。正直、当たり前すぎて考えつきませんでしたが、改めて「人とのつながりの積み重ね」がすべてといってもいいと確信しました。

会社に所属していれば、何もしなくても会社の看板で仕事の依頼があります。しかし、誰ひとり知り合いのいない新潟でフリーの立場。何の後ろ盾もない私に仕事の依頼をしてくださる方々には感謝の言葉しかありませんでした。もちろん、UX新潟テレビ21でニュースを担当していることは大きな信用になりましたが、これも鹿児島放送の人間関係があってこそ。フリーになってからは特に1つひとつの仕事のありがたみが身に染み、依頼してくださった方とのつながりを大切にしてきたつもりです。そしてまさに、その「人とのつながり」の積み重ねが今の私を支えています。

この講演をする際、参考にさせていただいたのが、帰省のたびに必ずお目にかかり勉強させていただく方のお話でした。

鹿児島の財界では知らない人はいない株式会社ハニ代表取締役の羽仁正次郎氏、その人です。日本の政界、経済界、芸能界までその人脈は幅広く、実際にはお会いできない方々の逸話を伺うのも私の楽しみの1つです。

精力的に仕事に向き合い、輸入車販売やタクシー、自動車学校など経営は幅広く、また、クラシックカー、ヴィンテージカー・コレクションの世界でその名を知らない人はいないほど世界中で認められています。ハニコレクションは500台以上を数え、世界でも数台しかない数々の名車の保有だけでなく、動かせる状態を保っていると聞き、車への愛を感じます。そんな財界の重鎮も、高校時代にラジオを手作りして収入を得たのが最初の商いと話してくださり、大起業家の第一歩も小さな一歩であったことに感銘を受けたことを覚えています。本格的に車の世界に飛び込んでからは、九州各県の進駐軍のベースキャンプを回り、「FOR SALE」の貼り紙を見つけては持ち主と交渉。カタログもない時代にデッサン帳に車の絵を描き、購入希望者と引き合わせたそうです。大好きな車の仕事だったからこそ辛いと思ったことはない、と話してくださいました。

アナウンサー時代は遠い世界の方でしたが、秘書になって初めてお話できるようになったのは、私にとって絶好の学びのチャンスでした。社員であった当時は会社や会合などでしかお目にかかれない方でしたが、厳しい言葉の裏に、ふっと見せるちゃめっけのある表情は、私のツッコミどころでした。おそらく、社長をはじめ周りの重役はハラハラしていたに違いありません。しかし、そんな会話を受け止めてくださることは感じとっていましたし、何よりも会話にユーモアを求め、また、その会話のやりとりを許してくださる雰囲気を作ってくださいました。上司あての電話でも、取り次ぐまでのしばしの会話を楽しませていただきました。

そんな雲の上の存在が、鹿児島放送を退職後新潟でフリーになった私に関わっても何も得することはないはずなのに、気にかけてくださるようになったのは不思議な話です。想像を超えるハードスケジュールで動く方ですが、私のような若輩者にも、毎回過分なるおもてなしをいただくのです。帰省する際は必ず時間を作ってくださり、食事をしながら近況やたわいのない話に花を咲かせます。そのすべての会話のなかに、私はいつも驚きと感動を味わい、単なる帰省が貴重な学びに変わります。大好きな車を語るときの青年のような（というと叱られます。未だに青年です）くったくのない笑顔。そして、その記憶力の良さは78歳とは思えないパワフルさを実証しています。人が好きで、人を驚かすことや人が喜ぶことを楽しんでいらっしゃる姿からたくさんのことを学びました。

そんな羽仁社長に、改めて仕事についてお聞きした際、こんなことを話してくださいました。

「仕事の可能性は無限。人と違うセンスや感性、ひらめきに努力が必要。そして、なんといっても人を大事にすること。まさに人とのつながりが大事ですよ。年齢？　忙しくて年齢なんて気にしている暇はないんですよ。いつまでも心は青年、いや少年ですからね」。

もう○歳と自分で自分に歯止めをかけていた私は、このとき、年齢へのブロックをはずしました。だからこそ、50歳で本書を書こうと思ったとき、迷いはありませんでした。

羽仁正次郎様、改めて心から御礼を申し上げます（羽仁正次郎氏からは、ありがたいお言葉を頂戴し、PART 5末のインタビューコーナーでご紹介しています）。

SECTION

2 コミュニケーション力とは？

秘書力の1つでもある「コミュニケーション力」。コミュニケーションというと、言葉による伝達方法と思われがちですが、表情や立ち居振る舞いなども、重要な非言語コミュニケーション力です。コミュニケーションとは、目に入るすべての要素を含めた伝達方法といってもいいでしょう。素敵な笑顔は、誰もが「感じがいい人」の条件に挙げます。言葉は通じなくても笑顔は世界共通語代わりです。テキパキした立ち居振る舞いは見ていて気持ちの良いものですし、清楚で控えめな身だしなみは、癒しや安心感を。きちんとした言葉遣いや話し方には品位や信頼感を抱きます。その人から伝わってくる見えない何かをつかみとるのもコミュニケーション力といえるでしょう。

どんな仕事であっても他人との関わりなしに前へは進めません。人とのコミュニケーションがとれなければ、社会で自分の能力を活かすことはできないのです。自分らしいコミュニケーションスキルを身につければ、さらに実りある人間関係を育むことにつながるでしょう。

ちょっとお絵描きしてみましょっ！

さて、ここで少しお絵描きしてみませんか？ 小さな画用紙だと思って、私が今からお伝えするものを描いてみてください。これで何かを占おうとしているわけではないので、安心してお気軽にどうぞ。

① では、まずは山を描いてください。
② 次に、木を３本。
③ 最後に、太陽を。

これだけです。どんな風景が出来上がったでしょう。

セミナーでは、隣近所で見せ合ってもらい、あちこちから笑いが起こり、にぎやかです。山を中央に大きく描く人、隅に小さく描く人。ふたこぶラクダのような山もあれば、富士山のような山も。山の上に点在し

て立つ木もあれば、平地に並んだ木。その葉の茂り方もさまざま。太陽が燦々《さんさん》と輝く様子は似ていますが、大きさはバラバラです。

では、正解はこちらです。エッ〜!? 正解があるの？ と思うかもしれませんが、あるのです。私が描いてほしいと思った絵を正解とさせていただきます。

私にとって山はふるさと鹿児島の桜島。大爆発（正式には爆発的噴火）をするとニュースになるので、ご存知の方も多いと思いますが、ほぼ毎日のように噴煙を上げています。

火山灰がどこに流れるか風向きが影響するので、天気予報では必ず「桜島上空の風向き」を伝えていました。目に入れば痛いし、髪の毛もバリバリになりますが、それでも活火山と共存する鹿児島人にとって心のふるさと。シンボルとして大好きな山なのです。

大河ドラマにもなった天璋院篤姫。薩摩藩の分家から江戸幕府第13代将軍徳川家定御台所《みだいどころ》となった人物です。桜島を眺めながら、来たるべき将軍家輿入れの日を待っていたのは史実です。江戸城で桜島の掛け軸を見つめてふるさとに思いをはせるシーンは、昔も今も変わりません。新潟の私の自宅には桜島の写真が。篤姫と同じような気持ちになる私です。おっと、また余談でした。

そして、木は大きな南国ヤシの木。鹿児島市内にはワシントンヤシが街路樹として植えられ、大きく育ち、トロピカルな雰囲気をかもし出しています。そして、太陽は桜島の裾野から昇ってくる朝日（桜島は見る場所や季節によってさまざまな表情があります）。

さて、この絵が描けた方は？

残念ながら、講演やセミナーでお会いする方々で、新潟はもちろん鹿児島でもこの絵を描いてくれた人は1人もいません。

しかし、絵の才能は抜きにして、形は違えども、山も木も太陽も描けたはずです。その形を表す能力は誰にでもあるわけです。しかし、私が描いてほしかった絵とは違いました。

では、私が描いてほしい絵を描いてもらうには、どうすればよかったのでしょう。私にはより具体的な説明が足りませんでした。もし私があなたと実際に会っていたとしたら、好きに描いてもいいのか、それともどんな山ですか？　など質問があれば、こんな山を描いてほしいと要望を言えます。

用紙を各辺の中央から折りたたむように四等分にして、その上半分に、裾野がなだらかで頂上が少しギザギザした形の山を大きく。山頂から用紙の右側に向かって噴煙をたなびかせる。太陽は山の左裾野に下3分の2が隠れているが、昇ってくる朝日。木は画面四分割の右下の部分に、同じ高さでヤシの木を3本並べる。など説明したら、だいたい同じような絵が描けていたかもしれません。

「同じ絵」は「同じ目的」

今のように、一方的で説明不足な投げかけでは同じ絵を描くことは不可能です。これが、コミュニケーション不足ということです。相手に描いてほしい絵があり、お互いに同じ絵を描くためには、相手とのコミュニケーションなしでは描けません。相手の意向を聞き、相手の思いを想像し、描いていくわけです。

ビジネスの場面であれば、「同じ絵を描く」ことは、「同じ仕事を一緒にすること」「同じ方向を向くこと」です。会社単位、部署単位、プロジェクト単位、細々とした仕事ひとつも同じ目的、同じ絵を描くことです。山も木も太陽も描けるように、皆、パソコンもできるし、必要な能力もある。いろいろな資格も持っている。能力があっても同じ仕事を一緒に、しかも成果を生むには（同じ絵を描いていくには）話し合いや質問などがあり、いわゆるコミュニケーションがあってこそです。お客様の要望を形にすることも同じですし、プライベートな関係のなかでも一緒です。

個人個人の思いや意思は違うので、コミュニケーションを図ることで意思を統一し、同じ絵を描いていくことができるわけですね。

そして、日頃からの小さなコミュニケーションの積み重ねが、大きな「人と人のつながり」を作っていきます。

SECTION 3 心をつかみ、ファンになっていただくコミュニケーション術10か条

ここからは、元秘書そして1万人以上にインタビューしてきたアナウンサーの立場から具体的なコミュニケーション術を伝授しましょう。特に、初めてのお客様や仕事関係者、プライベートでも初対面の人とのコミュニケーションを中心にしますが、身近な人との人間関係にも活かすポイントがいっぱいです。

「きく力」聴く&聞く

「きく」にも「聴く力」と「聞く力」の2つの力が必要です。「聞く」は自然に音が耳から入ってくる、音楽や話し声が「聞こえてくる」というニュアンスがしっくりくるでしょうか。ここでは質問するという意味の「聞く力」とします。「聴く」は、耳や目、心を相手に向けて身を入れて耳を傾けることです。耳から入ってこない、言葉にはならない相手の心情までを目でとらえ、見えないものを心でとらえていく。秘書にもアナウンサーにもこの傾聴の姿勢がとても大切です。

コミュニケーションのもととなる会話で一番大事なことは、相手の話を「聴く」こと。「聴く力」があれば8割は成功したも同然です。聴くことも話し方の1つ。どうにかうまく話せるようになりたいと、話し方

の技術を学ぼうとする人はいても、「聞く」ことは、何もしなくても耳から入ってくる状態なので、簡単だと思われているかもしれません。しかし、本気で「聴く」ということは大変な技が必要です。話す技術がない、うまく話せないからコミュニケーションが苦手と思う人は、とにかく「聴く」だけでいいのです。

話し上手は聞き（聴き）上手。アナウンサーは話すことはできて当たり前。しかし、そのなかでも名インタビュアーと呼ばれるには「聴く力」が必須条件です。しっかりと聴いて初めて、相手の答えのなかに広げられる部分を見つけ、ツッコミどころを拾い上げ、想像以上の内容を引き出すことができます。「ただ聞く」だけだと、重要なことを「聞き流して」、用意していた質問だけを繰り返すことになります。

局アナ時代は、『徹子の部屋』もどきのトーク番組も担当していましたが、残念ながら、私は完璧なインタビュアーになることはできませんでした。自分の調子で話したり原稿を読むことは、インタビューに比べると簡単なものです。インタビューが苦手なアナウンサー泣かせの分野でもあります。こちらが緊張していると、相手の話を聞き流して、次の質問のことばかり考え、相手の答えに広がるネタがあったのに拾うことができなかったことを何度も経験しました。

新人の頃によくやってしまう「自分から答えを言ってしまうインタビュー」。感想を求めるのに、「楽しかった？」「嬉しかった？」「難しかった？」と言ってしまうと、相手は「はい」しか言いません。そこで終わりです。例えば、新潟の田植えの取材で子どもたちに突然「インタビューをさせてください」「何回目？」「どうだった？」「どんなところが難しかった？」と聞くのは簡単です。しかし、同じ答えを引き出すにも、「わあ。泥んこになりましたね」「汗びっしょりだね」など少し相手に答える準備をしてもらうことも必要です。マイクを向ける前に雑談するときもあれば、マイクに慣れてもらいながら本題に入るときもあります。ここにも、相手に心の準備をしてもらうマナーがあります。トーク番組や取材のインタビュー前も、できるだけ相手にリラックスしてもらうために、本題の質問に入る前には必ず雑談や相手が答えやすいだろうと思う質問をして、場の空気を作っていきました。現在、講師として研修する際も、研修前に受講生とできるだけ雑談をします。会話の準備段階、会話のウォーミングアップ、ストレッチ運動のような感じです。

会話のなかで自分の話を一生懸命聴いてくれたら、今度はその人の話も聴こうと思ってもらえます。相手の話をしっかり「聴く」と、そのなかから質問したくなることが見つかり、それをまた相手に質問、「聞く」のです。この2つの「きく力」がとても重要です。

では、相手に「感じがいい」と思ってもらえる、本気で「聴く」ための10の技とは？

聴く技10

❶相手に興味をもつ

この人はどんな人なのか興味を持つことで、聴く姿勢は違ってきます。いい関係を作りたいと思っている場合は、相手に対する関心も高いはずです。なかなか難しいときは、相手に興味があるふりをするのも、必要な社交辞令かもしれません。

❷手は隠さずテーブルの上に。手元を見せる

手は膝に置いて姿勢を正す、と学校では言われましたが、ビジネスの場ではテーブルは壁です。応接室などテーブルが低い場合がほとんどですが、会議室などでの会話はどうぞ手元を見せてください。手の内を見せるなど言いますが、相手に手を見せることで警戒心を解きます。といっても肘をつくなどはもってのほかですが、テーブルの手前に手首より先を重ねて置き、相手の話を聴きます。

さらに、男女ともに指先は常に整えておくのがベストです。爪を整えておくのも、その職業によってさまざま。飲食業の人にとって、爪は短く清潔にすることが重要ですし、女性であれば職種によってはネイルなどで華やかに。また、ネイルをしても派手な色は控えたほうがいい場合もあるでしょう。女性は男性の手元もよく見ています。また、女性は同性に厳しいので、必ず目につきます。また、ネイルをネタにそこから会話になることもあるでしょう。指先、つま先、髪の毛の先、視線の先を意識して美しく。特に女性なら人生を「先」で生きていきましょう。

❸表情とアイコンタクト

相手の話を黙って聴く。しかし、黙っていても語れます。

言葉を使わない表現力を身につけるのもテクニックです。黙っていても、表情やアイコンタクトで十分気持ちを語ることはできます。笑顔が基本ですが、話の内容によっては真剣な表情など、表情を変えることも大切です。表情が声を作るからです。また、アイコンタクトも重要ですが、いくら「相手の目を見て話す」ことが大切でも、視線をそらすことなく見つめ続けることは相手の負担になるので、話のタイミングで少し視線をずらすこともコツです。

❹相手につま先、膝、体を向けて前傾姿勢

挨拶の話のときにお伝えしたことです。相手につま先、膝、体を向けて、そして、あなたの話を聴いていますよという前傾姿勢です。秘書は上司やお客様対応ではこの前傾姿勢が基本です。

大事な相手と座って話す場合、背もたれにふんぞり返っている人はいないと思いますが、椅子の座り方ひとつで相手に与える印象は違います。深く座れば楽かもしれませんが、お腹に力が入らず声の出し方が安定しません。椅子の座面の広さにもよりますが、私は座面の半分から3分の1に、太ももはほとんど座面に触れない状態で座っています。そうすると、姿勢も良く少し前傾姿勢になって安定し声も出しやすくなるのです。アナウンサーが心がけている姿勢です。

❺うなずき・相づち

タイミングよくうなずくのは、語らずして語る会話を進める促進剤です。講演やセミナーなどでも、うなずいてくださる方に助けられます。人前で話す機会が多い私は、話す人の気持ちがわかるので、講演などを聴く側になったら、相手が話しやすいように、共感するところでうなずきながら聴くよう心掛けています。これも相手に不愉快な思いをさせない聴く側のマナーです。

うなずき＝共感＝好印象

うなずきは、そうですねと共感してもらっていると感じ、それは好印象に変わります。一対一の会話でも、相づちはあえて声に出さず、黙ってゆっくりうなずきながら聴くだけでも相手は心地よく話せるはずです。

ちなみに相づちは何通りもあります。ただ打てばいいというわけではなく、相手の声をさえぎる機械的な相づちは、本当に聴いているの？　と不愉快に思われ逆効果になることも。しかも、「うんうん」「へぇ」「はいはい」「なるほど」だけが相づちだと思ったら大間違い。同意はもちろんですが、「そうは思いませんが」など反対する、「それは何とも言えませんね」と疑問に思ったり、「さすがです。それはすごい」など褒めたり、「残念です」「寂しいですね」と同情したり。「それで？　といいますと？」と話を促したり、「ところで、話は変わりますが」と転換したり。このすべてが相づちなのです。その相づちをタイミングよく打ち、会話を弾ませます。インタビューや番組の会話でも、相手の声を遮ることなく黙ってうなずきながら聴くことも会話を弾ませるテクニックです。

❻重要なことはメモをとる姿勢

仕事では特に、真剣に聴いていることが、メモをとる姿勢でも伝わってきます。後輩に指導しながら、メモをとらなくてもいいの？　と何度も聞いたことがありますが、そういう子に限って…ただし、自社の仕事の手順などは問題なくても、お客様相手やプライベートな内容からメモする際は、情報を取られるイメージも与えるため、やりすぎは禁物。メモをとってもよろしいですか？　などと尋ねる配慮も必要です。

❼沈黙をおそれない

アナウンサーとしては、番組などで無音の時間が流れることに恐怖を感じるので、ついつい話し続けてしまいます。しかし、弾んでいる会話の少しの沈黙は、会話の内容をじっくり考えたり、受け止めていることが伝わるので気まずいものではありません。相手が口を開くまでじっくり待つことも味になります。沈黙をおそれず、会話の余韻やその空気を楽しむ余裕も必要かもしれません。

❽相手の話を否定しない

相手の話をひとまず受け入れることが大事です。もしも、そうは思わないのであれば、イエス・バット法で、「そういう考え方もあるのですね。（YES）とても参考になります。（BUT）しかし、私はこう思いますが、いかがですか」という話し方にすると、相手を尊重した言い方になり、相手もこちらの考えを吟味しようという気持ちになります。

❾話の腰を折らない

気の置けない仲間との会話なら、話題があちこちに飛んだりするのも、それはそれで楽しいものですが、それでも話の腰を折られるのはあまりいい気持ちはしないでしょう。初対面の相手や仕事関係などはもってのほかです。途中で遮って話し始めたり、相手が乗って話しているときに、腰を折らないのは基本中の基本です。

⑩相手の気持ちに寄り添う

話を聴くことは、相手が言っていること、内容を理解することだけではありません。こんなことがあった、この人がこう言った、こんな結果になったなど、その事実を知ったうえで、その人がどんな気持ちかをわかってあげることです。言葉のなかにある気持ちをわかってもらえたときの喜びはうれしいものです。うわべだけの会話は、相手にも伝わります。話を聴くとは、相手の気持ちに寄り添うことです。

では、コミュニケーション術のポイントについて述べましょう。仕事関係のお客様に商品の売り込みやサービスの話がしたい場合もあるでしょう。相手の話をしっかり聴き、そのなかに提案すべき内容のヒントを得るわけです。例えば、営業マンや個人事業主が新たなお客様を獲得したい場合など、どのように話をしたらいいのか、が次のポイントです。

コミュニケーション術1　専門の話はしすぎない

知人の紹介などで購入や契約の意思がある人、また相手がぜひ商品やサービスの話を聴きたいという場合、仕事の打ち合わせとしてアポをとっている場合は別です。例えば何かの会合でたまたま会ったり、プライベートな集まりで話す機会もありますが、新たな顧客になってほしい場合などは、まずは専門の話をしすぎないことです。営業マンや個人事業主など1人でお客様を相手にする人は、初対面の場合は、最終的な割合は世間話8割に専門の話2割。これで十分です。

まずは、お客様、お客様になってほしい人がどんな方なのかを知り、自分はどんな人間なのかを知ってもらうことが先決です。この人がいいと言うのなら、この人なら安心して任せられると思ってもらわなければ先に進めません。やはり、人柄であり、企業は人なりです。

では、どのように話を進めていけばいいのか、が次の術です。

コミュニケーション術2 共通点を見つける

初対面同士で自己紹介をする場に立ち会うことも多いのですが、すぐに打ち解ける人は共通点を見つけるのがとても上手です。人は、同じ境遇、出身地など同じ○○の共通することがあればあるほど打ち解けるものです。その共通点を見つけられるかどうかがポイントです。見つけて共感することが人と人を近づけます。これは、仕事だけではなく、すべての人間関係のコミュニケーションに活かせることとです。

「今日は暑いですね」など天気は万人に共通なので、最初の話題にしやすいわけです。会話のなかで共通点を見つけながら、相手が聴いてほしいことなどを察知していきます。相手が得意とすることならどんどん盛り上がるでしょう。相手が気持ちよく話し始めたら聴き役になるのです。

ちなみに紹介を受けてお会いするお客様や友人関係には、「紹介してくれた人」が「お互いに知っている人」として共通点になります。その人を話題にし、その人がいない所で褒めることもその後の人間関係によい影響を与えます。

初対面ではなかなか本音も言えないし、共通点を見つけるにもどうしたらいいかわからない人も多いものです。では、共通点を見つけるためにはどのようなアクションを起こせばいいのでしょう。

コミュニケーション術3 自分をさらけ出す覚悟

さらけ出すといっても、相手が聞いて困るような深刻な話は論外ですが、自分はこんな人間だとわかる情報を少しずつオープンにする、自ら壁を取り払って話すことです。自分の正体を明かさず聞き出そうとばかりすると警戒されてしまうので、挨拶と同じく自ら心を開いている意思表示です。

例えば、「息子が風邪をひいてしまって、今日は学校を休んだんですよ。流行ってますよね」など、たわいのない会話かもしれませんが、相手は、この人には子どもがいると認識するでしょうし、そこから「お子さんはおいくつですか？」と会話が始まり、相手にも子どもがいたら共通点の発見です。子育ての話に発展するかもしれません。自分の情報をきっかけに相手が話し始めたら、やはり聴き役に回るのです。さらけ出して自分のことばかりを話すことがないよう要注意。

会話をするうえで効果的なのが次の術です。

コミュニケーション術4 会話に相手の名前を入れる

一対一で話していれば、相手も自分に向かって話しているのはわかっていますが、ポイント、ポイントで、「○○さんは、○○ですね」と相手の名前を入れることも親近感を抱いてもらうのに効果的です。

また、何度も会う機会があって、ここぞという情報やおすすめしたいものがあれば、「○○さんだからお伝えしたいのですが」と特別扱いすることも効果があるでしょう。

そして、名前を呼んで会話をするときに効果的なのが次の術です。

コミュニケーション術5 褒め上手・褒められ上手になる

「○○さんは、○○ですね」の代表的なものが褒めることです。

ただ、お世辞は相手にもなんとなくわかってしまうので、本当にそう思うことを見つけること。自分が本当にそう思うこと、気持ちが動くことを心の底から伝えることです。褒めるのがなかなか苦手という人は、まずは気づくことから始めましょう。「気遣いができる人は、気づくことができる人」でしたね。

「髪を短くされたんですね」（すごくお似合いですよ）

「ネクタイがよく見るとゴルフの柄ですね」（センス

がいいですね）

「今日のシャツはブルーですか。涼しそう」（いつも身だしなみに気を遣っていらして素敵です）

「　」は事実を言っているだけですが、（　）の言葉が隠れていて、褒めていると感じてくれるでしょう。何よりも「気づいてくれた」ことが嬉しいのです。

私は上司や同僚を手っ取り早く（？）褒める場合によくこの手を使っていました。気づいたら口に出して伝える。「気づいていますアピール」です。

ちなみに、私の夫は私が髪を切っても気づきません。世のご主人には多いパターンかもしれませんが、「髪切った？」と、かつてのタモリさんのように言ってもらうだけでも乙女心は蘇るのです。

そして、客観的に褒めることも方法の1つです。

「○○さんは、よく人から一緒にいると楽しいと言われませんか？」

「皆さんから若いと言われるでしょう？」

などがそれです。

そして、上司、同僚、お客様や友人、知人からお褒めの言葉をいただいたら、素直に少し大げさなくらい喜ぶことです。日本人はどうしても謙遜してしまう人が多いのが現状ですし、そういう私もできないことも多いのですが、喜んでくれる姿を想像して褒めたのに、そっけなくすると、相手の気持ちを台無しにしてしまいます。

嬉しそうに喜んでくれる人は、また良いところを見つけて褒めてあげたくなるものです。これはすべての人間関係のなかでいえることだと思います。

共通点を見つける術で、「紹介してくれた人」を話題にし、その人がいない所で褒めることもその後の人間関係に影響するとお話ししましたが、必ず紹介者には紹介された人に会ったことと、○○さんが褒めていたことを報告します。人伝いに褒められる話を聞くと、面と向かって褒められるよりも嬉しいものです。褒めていたことを伝える義務はありませんが、それを伝え相手に喜んでもらえる人間になりたいものです。

ビジネスの話など、専門の話をすることになったら、次の術です。

コミュニケーション術6 専門については自信を持って話す

大事な専門の話は堂々と自信を持って話してほしいというのが、仕事関係、お客様の本音です。内容はいいのに、説明する人が自信なく話すと内容までそう思えてきます。そして、何よりもこの人ならお任せできる、この人がいる会社と取り引きしよう、この人から買いたいと思ってもらえる信頼が生まれます。説明に自信がない人は、自信がある人を演じてみるのも技です。

そして注意したいのは、ペコペコしないこと。お願いされると、商品やサービスの価値はすぐに下がってしまいます。では、具体的に商品やサービスについてわかってもらうにはどうすればいいのでしょうか。

コミュニケーション術7 初心に戻って、専門用語は使わない

商品やサービス、技術の売り込みの方法は各自、各社でその戦略はありますが、そこから自分流にどう説明すればわかってもらえるかを、専門用語を並べ立てない自分の言葉で伝えることです。難しい言葉を並べるのは、頭も良く見えるし簡単です。自分の言葉でわかりやすく説明しようとしているその姿勢がお客様には伝わるものだと思います。

そして、また会いたいな、もう少し話を聞きたいなと思ってもらうことが大事になります。それが次の術です。

コミュニケーション術8 小さな約束をして、守り、次へつなげる

お客様の話、友人の話を聴いて、次につなげるために、小さな約束をとりつけます。

例えば、おいしいお店が話題になれば、誰もが「今度行ってみます」とその場では言いますが、本当に行く人はどれだけいるでしょう。その小さな約束を守り、次にお会いしたとき、また会う機会を作るためにも必ず報告します。

大切にしたいお客様や友人からの情報を寝かさないで、次につなげるのです。

自分が提供した情報が役に立ったと聞いて嫌な気分になる人はいません。

また次の情報を提供してくれるでしょう。その小さな約束を守ることが信頼につながり、また会いたいという気持ちを起こさせます。

次に言葉のプロであるアナウンサーの立場から伝授する、すべての人間関係を円滑にする術です。

コミュニケーション術9 相手・場面・自分の立場をわきまえて使う

上司と部下、先輩と後輩、お客様とスタッフ、友達同士や知人、家族など、今どんな相手と話しているのか、今どんな場面なのか、そして、自分はどんな立場で話しているのかをわきまえて、心が伝わる言葉を使うことが、相手を思いやることにつながり、敬意を表すことにもつながるのです。同僚同士であっても、職場で一対一、職場での会議中など、場面や立場が違えば話し方も変わります。今、どんな言葉を使えば一番効果的なのかを過去の経験などから選び出し、心のこもった生きた日本語を使いたいものです（PART5のトークスキルで詳しくお伝えします）。

これまでの経験から私なりの考えをまとめてみましたが、当たり前のことが多かったと思います。日々人

間関係のあり方も変わるので、この術も更新されていくかもしれません。

できることからやってみる。そして、自分流のコミュニケーション術を身につけることが一番です。自分で苦労しなければ何も身につきません。

コミュニケーション最後の術は人間関係でいつも大切にしているキーワードを残しておきます。

コミュニケーション術10　ご縁を大切に

婚礼司会で必ずコメントする言葉です。

「出会いは単なる偶然ではなく、なんらかの意味を持つもの。縁あって結ばれるということをお二人感じていらっしゃることでしょう。そして今日こうしてこの場所で、お二人とご縁のある皆様方がひとときを過ごせるのもご縁でございます。この出会いとご縁を大切にお祝いして参りましょう」。

結婚だけではなく、すべての出会いにいえることだと思います。

本書を手に取ってくださったのも、あなたとの何かのご縁。会いに行って握手して御礼を言いたい気持ちだけは受け取ってください。

自分が出会う人が、出会うべくして出会った友人やお客様であると思えば、愛おしく思えてくるのではないでしょうか。誰のお客様でもなく、自分のお客様だという思い入れは伝わります。そしてそう思えるのは、自分が自分自身を認める自己肯定感も関係してきます。私なんてと思っている人は、私なんかと友達になる人、私のお客様なんて、と他人をも認めることはできません。自己肯定感があれば、自分に関係するすべての人を認めて受け入れ、その人を大切にします。自己肯定感がある人は周りの人をも幸せにすることができるのです。

自分とはあまり波長が合わないと思う人が現れる結果になっても、それはそこから何かを学ぶということだろうと受け止めれば、やはりご縁のある人。私に関わってくれてありがとうございます、出会ってくれてありがとうございます、おかげで勉強できました。そんな思いが幸せの連鎖を生むのです。

コミュニケーションが苦手な人も、自分にご縁のある人しか出会わないと思うと、ワクワクしてくるに違いありません。そのたくさんのワクワクをどうぞ楽しんでください。

INTERVIEW 5

人柄育成を目指す秘書検定の魅力

板垣　政太郎さん

株式会社ハードオフコーポレーション
敬和学園大学卒
秘書検定対策講座「田巻塾」塾生
秘書検定準1級取得

私が秘書検定を受けるきっかけになったのは、田巻先生が就職関係の講義で大学にいらしたときのことです。先生は講義のとき、秘書検定は人柄育成を目指しているとおっしゃっていました。以前から秘書検定のことは知っていましたが、人柄や感じの良さの重要性を理解していませんでした。しかし、講義での先生の話し方、振る舞い、言葉の使い方がとても上品で、はっきりと〝感じの良さ〟を肌で感じたことを覚えています。その〝感じの良さ〟を私も身につけたくなり、先生の秘書検定対策講座を受けました。

田巻先生の面接対策の講義では、面接で行うロールプレイングだけでなく、就職活動のことまで見越して男女問わず、髪型や外見の清潔感まで指導してくださいました。当時の私は茶髪で、髪は伸び放題で、清潔感のない髪型でした。田巻先生に髪の長さも色も好印象を与えないから黒染めして短くしたほうがよいとのご指摘を頂きました。ご指摘を頂いたときは秘書検定のために、わざわざ髪を切ることも黒染めすることも本当に嫌でした（笑）。しかし、今ではあのときご指摘を頂いたとおりにして良かったと思っております。

私は現在、販売の仕事をしています。普段、仕事中にお客様と1時間も会話をする機会はなかなかありません。お客様には1時間会話をして私の人柄を〝良い〟と理解してもらうよりも第一印象だけで〝感じが良い人〟と思って頂きたいです。そのためには中身だけでなく髪型などの見た目の清潔感も重要だと思います。秘書検定だけでなく、その後の就職活動のことも考えて指導してくださった田巻先生には感謝しております。

INTERVIEW 6

秘書検定で学んだ知識をより深く理解する

笠原 やよい さん

株式会社東陽理化学研究所
敬和学園大学卒
秘書検定対策講座「田巻塾」塾生
秘書検定準1級取得

私は大学3年生の就職活動が始まる前のタイミングで秘書検定準1級を取得しました。田巻塾には大学2年時に秘書検定2級を取得したときからお世話になっており、田巻先生はビジネスマナーや社会人の心構えをいつもわかりやすく楽しく教えてくださいました。準1級の出題領域は2級と同じでも、問われる内容はより詳細に高度なスキルが必要になります。一次試験は検定のテキストを地道に取り組むことで何とか乗り切ることができました。しかし、問題は二次試験の面接でした。

当時は社会人として働いた経験がなく、勉強した敬語も口から自然に出てきませんでした。田巻塾で、より具体的な面接対策を受講し、家でも試験まで毎日練習をしていました。面接当日は緊張で練習の成果を出せず結果は不合格でした。経験のなさに引け目を感じて自信が持てないことで動きがぎこちなくなり、頼りなさそうに見えていたようです。

とても悔しい気持ちのなかで先生に連絡をし、再度挑戦したいので、もう一度面接練習をさせてくださいとお願いをしました。先生は快く引き受けてくださり、個人的に面接指導を受けることとなりました。個別指導では発声や動きの練習に時間をかけ、自信がつくまで練習を繰り返しました。二度目の面接では落ち着いて話す余裕もでき、自信を持って臨むことができました。

合格通知を受け取ったときには、諦めずに挑戦して本当によかったと心から思えました。現在、私は社会人となり日々実際のビジネスの場で実戦経験を積んでいます。ビジネスマナーは今でも頻繁に見返していて、秘書検定で学んだ知識が土台となり、より深い理解につながってきているように感じます。これからも勉強は続きますが、秘書検定のときのように向上心を持ち挑戦し続けていきたいですね。

板垣さんと笠原さんが参加した秘書検定準１級の面接練習風景。面接官の目線でどのように見えているのかを体験。受講生同士で指摘し合い、より理解を深めました。

ポジティブ男子の名言「進んだ道が自分の道！」

息子は、私の良き相談相手。「ポジティブ男子の名言」は、私のブログやフェイスブックでもひそかに人気です。彼が小5だったときの言葉です。

「進んだ道が自分の道！」

公立高校の合格発表が終わり、保護者からほっとした声が聞こえてきた頃。桜咲く！　この時期にいつも思い出す、私自身の高校受験。道を振り返ると、あのときが分かれ道。おそらく、あのときの出来事がなかったら私はアナウンサーの道を歩んでいなかったでしょう。まさに、「人生の岐路」です。

志望校の公立高校に落ちて、入学したのはミッション系の私立女子校。そこで、アナウンサーを目指すきっかけに出会います。しかし入学当初は、受験に失敗し、仕方なく進んだ高校にしかすぎませんでした。女子校、ミッション系の抵抗あり（笑）。

その素晴らしい教育はもちろん後になってわかり、今では母校への誇りをもっていますが、公立高校に不合格であった辛さは、それまで優等生っぽく過ごしてきた私に訪れた初めての挫折でした（思えば、ここから挫折人生が始まるのですが）。

ふとそんなことを思い出したとき、息子にこんな質問をしてみました。

私「もし、一生懸命頑張ったのに志望校に落ちたら、どうする？」

息子「それは、そっちじゃないよ、こっちの道だよって教えられているんだよ。だから、進んだ道が自分の道！」

えっ？　それ、私が教えたっけ？　私自身が思う答えが返ってきて、うろたえる母。この小5ポジティブ男子、落ちても大丈夫だなと母はたくましく思いました。私の受験の話やなぜアナウンサーの道を進んだか改めて話しました。

高校2年のとき、授業で国語の文章を読まされ、あまりの下手さに途中で座らされた屈辱。ここから「読む」ことへの執着が始まります。さらにもともと行きたかった大学に推薦がもらえず…見返してやる復讐が始まります。怖いですね。

「進んだ道が自分の道」

落ちてわが母校へ行ったからこそ今の自分があるわけで「おかげでアナウンサーという職業につくことができた」と思っています。

どうとらえるかは自分次第。もちろん努力が報われるのが一番ですが、どんな出来事があっても、〝成幸〟の理由にしたいですね。そう思える心の強さを持ちたいものです。

そしてもしその道の先で、辛かったり、違うと感じたり何かを乗り越えてみても、進んだ道を見直そうと思うときが来たら、それは遠回りではなく、次へのステップへ進むために通らなければならなかったこと。必要だったこと。

考え方次第で道は大きく違ってくるでしょう。

誰もが、桜を眺めながら桜咲く道を歩きたいと思いますが、実際は、歩いた道に桜が咲くのかもしれません。

新潟県無形民俗文化財の白根大凧合戦で六角凧にファンが名前を！〝ポジティブ男子〟とともに記念撮影。（平成26年）

PART 5

「秘書力」で
トークスキルアップ！

1万人以上にインタビューしてきた生涯アナウンサーが伝授！
きょうからあなたも会話美人

SECTION 1

言葉はコミュニケーションをとるための道具

最後のPARTは、改めて言葉にこだわって話をまとめます。秘書力を使った話すスキルに加え、アナウンサーとして、声の出し方や一歩進んだ話し方を伝授しましょう。

体が不自由でない限り、話すことは人間だけに与えられた能力です。そして、言葉は誰もが平等に使える道具。人が人とコミュニケーションをとるための道具です。ということは、この道具を使ってコミュニケーションがとれなければ意味がないことになります。

言葉はほんの一言でも、人の心を癒し救うこともできれば、逆に傷つける凶器にもなります。文字に書けば同じ言葉なのに、言い方や気持ちの入れ方で大きな違いがあるものですね。

生きた日本語とは？

言葉は生きています。日本語も日々変化して、日本語の乱れや若者言葉についても話題になります。アナウンサーのバイブル『アクセント辞典』も時代の流れとともに改訂され、新しい言葉はもちろん、アクセントも見直されます。

言葉のプロであるアナウンサーとして、これまで何

UX 新潟テレビ 21 のニューススタジオにて。
迷ったときはもちろん、再度確認するなど『アクセント辞典』はアナウンサーにとってなくてはならない相棒です。

度も壁にぶち当たりました。若い頃は、いつでも誰とでもどんなときでも丁寧な言葉遣いをしなければ「アナウンサーとして恥ずかしい」と大きな誤解をしていました。そんなとき、講演でお会いした国語辞典でお馴染みの日本語研究の第一人者である金田一秀穂氏の言葉に救われました。

「その状況に合っているのが一番正しい生きた日本語です」。

コミュニケーション術でもお伝えしたように、相手・場面・自分の立場をわきまえて、さまざまな言葉のなかから選び出して使うことができるのが理想です。言葉を使うのは、相手とコミュニケーションをとるのが目的。心地よく会話ができれば、コミュニケーションをとることにつながるのです。

ボキャブラリーの木

昔に比べ、情報が氾濫している現代に生きる子どもたちは大変です。多種多様なメディアから自然に耳に目に入ってくる暴力的な言葉や「はやり」の言葉を聞いたり見たりするなというのは無理な話です。高校生や若者たちが作り出す省略表現の若者言葉には、おばちゃんのイライラは隠しきれません。仲間同士のコミュニケーションであることは間違いありませんが、いつか言葉の力に気づくときがくることを願っています。

その溢れる言葉について、考え、選択することはできます。その際、正しい選択に導き、選択できる力をつけてあげるのは親の役目でしょう。

小中学生に言葉遣いの話をすることもありますが、いくら丁寧な言葉遣いが大事だといっても、子どもたち同士でばか丁寧な敬語を使っても、コミュニケーションはとれません。チクチク言葉といわれる友達を傷つけるような言葉はもちろん禁止です。ヤバい、超～などの言葉だけを並べるのも感心しませんが、そのニュアンスのほうがしっくりして会話が弾み友達同士のコミュニケーションがとれるなら、それをうまく活かすことです。

大事なのは、使い分けです。先生や目上の人に「～です」「～します」など基本の丁寧な言葉遣いと、友達同士のくだけた言葉遣いをうまく使い分けることです。社会に出る前に、先生と生徒などの上下関係を学びますが、最近は先生に対してもいわゆるタメ口が多く、それを許す先生が多いのも現状です。お互い同じ言葉遣いということは、同じ立場ということ。上下関係がある人と話す場合、言葉遣いを変える、目上の人には敬語を使うことで上下の関係を把握し、敬語を使うことで対等に話をするわけです。

「相手と場面と自分の立場をわきまえて」言葉を選びますが、選ぶだけの語彙が必要です。

木の幹が基本の丁寧な言葉だとしたら、その幹を太くし、たくさんの応用の言葉を茂らせる。基本があってこそ「はやり言葉」もニュアンスを伝えるには生きてくるのでしょう。ボキャブラリーとしての葉は、枯れ葉ではなく、生き生きと青々と茂らせて大きな木に育ってほしいと思うのです。幹を太くし、成長させるための栄養や水、太陽の光は、その人の見るもの、聴くもの、経験などすべてです。

私も、仕事や立場上を抜きにした友人との会話では、「超〜」などついつい使ってしまうのはヤバいです。

相手と場面と自分の立場をわきまえて

社会人としては、敬語は使えなければなりませんが、丁寧でありさえすればそれでいいのでしょうか？ 時に丁寧過ぎる言葉が嫌味に聞こえるときもあります。敬語は、相手との間にある「地位の差」「年齢の差」などを埋めるクッションのような働きをします。人に敬意を表す言葉であると同時に、使い方によっては、人と人との間に距離をおく言葉にもなるのです。

家族で敬語を使っている家庭もあるので、その方針は尊重しますが、一般的に、例えば仲の良い友人、家族が、突然敬語でしゃべってきたら違和感を覚えるはずです。「他人行儀な。よそよそしい。何かあったの？ 何か怒ってる？ 何か企んでる？」。距離ができた証拠です。

私の夫は、何か気にくわない、何か怒りを表現したいときなどは決まって敬語になるので、わかりやすいといえばわかりやすいのですね。

敬語はしっかり使えなければなりませんが、使い方次第です。

丁寧な言葉遣いといえば、私は大学もミッション系の女子大で、学内で頻繁に交わされる挨拶は、「ごきげんよう」でした。

約30年前最初に聞いたとき、庶民の私は耳を疑いましたが、人間慣れるものです。今では場を盛り上げる挨拶でたまに使っていますが、それが活きるかは言い方次第です。

年代や環境により使う言葉もさまざまですが、「〜

あそばせ」「〜ざあます」などは、ドラえもんの登場人物スネ夫のママかと耳を疑いました。これらは、東京方言の1つ、山の手言葉と聞いて驚いたものです。その人の品格からさすがと思えるか、逆に不愉快に聞こえるかは使い方次第。田舎者の私は、山の手言葉と聞くだけで憧れも。素敵な人が使うと、そんなふうに使ってみたいとも思いましたが、残念ながら未だに使ったことはないざあます。ごめんあそばせ。

都内の私立小学校の運動会で、お母さんたちが自分の子どもに向かってこんなふうに応援していました。

「○○さん、お頑張りあそばせ〜!」

さらに、

「お勝ちになって〜!」

冗談ではなく、上品な言葉遣いでコミュニケーションをとっているわけですから、言葉の役割を果たしているのですね。

逆に、少し乱暴な言葉なのに不愉快に感じない場合もあります。歳末の風景や市場での叩き売りなどで交わされる「安いよ! 安いよ! 持ってけ泥棒!」。最近は、寅さん映画の口上くらいで、なかなか聞かなくなりました。文字で書けば、自分が泥棒呼ばわりされているのに、活気溢れるアメ横で、ねじり鉢巻きの威勢のいい店主から言われたときは、心がときめきました。これらは、その場面をわきまえているからこそ美しく心地よい生きた日本語になっているのです。

こうしてみると、家族、友達同士、先輩・後輩、上司・部下などなど、常に相手とその場面、そして、自分の立場をわきまえて、心が伝わる言葉を選び出して使うことが、相手を思いやることにつながり、敬意を表すことにもなると思うのです。心ある生きた日本語を使いたいものです。

SECTION

2

敬語と接遇用語

敬語は「～はる」と言えば簡単だと大阪出身の夫が言います。たしかに、多くの方言には独特の敬語があるようで、「～はる」は「～れる」「～られる」と似た意味の尊敬語として広く使われているようです。使い方としては、「○○さんが、○○と言いはって」「朝ごはん、食べはりました?」「○○さん、いてはる?」など。言葉はおもしろいですね。それぞれの地域社会での日常を豊かにするうえでも、重要な働きをしています。全国共通の敬語と並び、大切な言葉の文化です。

敬語は使い方次第。だからこそ、社会人として全国共通の基本はしっかり身につけておかなければなりません。しかし、実際に使ってみると情報も氾濫していて難しいものです。私もたまに違和感を覚え、調べることもしばしば。さらに知れば知るほど混乱することも。関心をもって疑問に感じたら自分で調べてみるのも習得につながります。接客の際に慣用的に使う接遇用語も一緒に使いこなせるようになりたいものです。平成19年文化庁より「敬語の指針」が発表され、5種類に分けられていますが、本書では従来どおり尊敬語・謙譲語・丁寧語の3種類に分けて、補足します。

敬語（尊敬語・謙譲語・丁寧語）の基本

●尊敬語

相手の動作などを高めて敬意を表す（相手が～する）

＊「～れる・～られる」
　例：話される。帰られる。

＊「お・ご～になる・なさる」
　例：お休みになる。ご心配なさる。

＊言い換え
　例：言う→おっしゃる　食べる→召し上がる

●謙譲語

❶自分の側の動作などを低め、へりくだることで間接的に相手を高め敬意を表す（自分や家族や同じ会社の人などが～する）

＊「お・ご～する」「（お・ご）～いたす」
　例：お知らせする。ご案内する。お願いいたす。ご連絡いたす。

❷依頼のための謙譲語（相手に～してもらう）

＊「お・ご～いただく」
　例：ご確認いただく。ご説明いただく。ご心配いただく。

＊「～していただく」
　例：確認していただく。説明していただく。心配していただく。

注：5種類の場合は、謙譲語をⅠ「伺う・申し上げる型」とⅡ「参る・申す型」の2つに分け謙譲語Ⅱを丁重語としています。

●丁寧語

相手に直接、丁寧な言い方や改まった言い方で敬意を表す

＊「～する」→「～します」→「～いたします」

＊「そうだ」→「そうです」→「さようでございます」

＊「〜だ」↓「です」↓「〜でございます」

例：担当は田巻だ↓担当は田巻です↓担当は田巻でございます。

注：5種類の場合は、丁寧語を丁寧語と左記の美化語に分けています。

●美化語

ものごとを美化して述べる言葉。接頭語として「お」や「ご」を付ける

例：お酒　お菓子　ご祝儀　など

女性が使う場合はつけても構わないものや丁寧になるものがあります。

例：お部屋　お食事　お財布　お着物

しかし、外来語に「お」はつけません。「おビール」という言い方もよく聞きますが、接待の席でも本来は「ビール」でいいわけです。お茶、お紅茶と言ってもおコーヒーとは言いません。

間違えやすい敬語

＊尊敬語と謙譲語の混同・混用

✕お食事はいただかれましたか？

〇お食事は**召し上がり**ましたか？

「食べる」の謙譲語「いただく」に、尊敬語を作る「〜れる」を付けて「いただかれ」にしても尊敬語にはなりません。

＊二重敬語に注意する

✕お客様が**おいでになられ**ました。

〇お客様が**おいでになり**ました。

「来る」の尊敬語の「おいでになる」に、尊敬語を作るときの型「〜られる」を加えて二重敬語。

✕部長が**おっしゃられ**ました。

〇部長が**おっしゃい**ました。

「おっしゃる」「〜られる」の尊敬語の二重敬語。

【図 03】 よく使う敬語表現

普通の言い方	尊敬語	謙譲語	丁寧語
言う	おっしゃる	申す・申しあげる	言います
する	なさる	いたす	します
食べる	召し上がる	いただく	食べます
見る	ご覧になる	拝見する	見ます
聞く	お聞きになる	伺う・承る・拝聴する	聞きます
いる	いらっしゃる	おる	います
行く	いらっしゃる	伺う・参る	行きます
来る	いらっしゃる お見えになる お越しになる おいでになる	参る	来ます
訪ねる	いらっしゃる	伺う・お邪魔する	訪ねます
思う	お思いになる	存ずる	思います
借りる	お借りになる	拝借する・お借りする	借ります
知る	ご存じ	存ずる・存じ上げる	知っています
見せる	お見せになる	お目にかける・ご覧に入れる	見せます
会う	お会いになる	お目にかかる	会います

✕ 先輩に**ご指導して**いただいた。
○ 先輩に**ご指導い**ただいた（**指導して**いただいた）。
「ご〜いただく」「〜していただく」の謙譲語が二重になっています。

その他
✕ 〜さんは、おられますか？
○ 〜さんは、いらっしゃいますか？
相手に対して謙譲語を使っています。ベテランのビジネスマンでも間違っている人が意外に多いようです。

＊動物・自然現象・外来語・公共物への敬語は使わない
✕ 公園に犬がいらっしゃいます。
✕ 今日は、風がお強いですね。
✕ おコーヒーのおかわりはいかがですか。
✕ お病院 ✕ お電車 ✕ お公園
ただし、慣用化しているものもあるので注意。

＊敬語の使い分け
社外の人に社内の人のことを言うときは、敬語・敬称は使わない。
✕ 田巻部長は、ただいま席に**いらっしゃいません**。
○ （部長の）田巻は、ただいま席を**はずしております**。
役職は敬称になるため、身内は呼び捨て。「いらっしゃいません」は謙譲語にすると「席におりません」になりますが、ビジネスの場では接遇用語の「席をはずしております」にします。

●接遇用語

「接遇」とは、丁寧にお客様の相手をすること。その接遇により、イメージも大きく左右されます。そして、その接遇の際、慣用として使われる決まり文句を接遇用語といいます。

接遇用語と言い回しの例

このあいだ	先日
老人	ご年配の方
今	ただ今
男の人・女の人	男の方・女の方
さっき	先ほど
わかりました	承知いたしました
	かしこまりました
あとで	後ほど
すぐ	ただ今・早速
知りません	存じません
少し	少々
ありません	ございません
ここ	こちら
どうしますか	いかがいたしますか
あっち	あちら
残念	あいにく
こんな	このような
すみません	申し訳ございません
	恐れ入ります
どんな	どのような
この人	こちらの方
そうです	さようでございます
わたし	わたくし
わたしたち	わたくしども
誰	どちら様・どなた様

＊いらっしゃいませ。お待ちしておりました。

＊お足元の悪いなか、お越しいただきまして恐れ入ります。

＊あいにく田巻が外出しておりますが、いかがいたしましょうか。

＊お差し支えなければ、ご用件を承っておきますが…。

＊恐れ入りますが、少々お待ちいただけますでしょうか。

＊お待たせいたしました。田巻はただいま参ります。

新社会人や若手社員の研修では、社会人として基本である敬語について伝えます。声に出して実際に使えることが重要です。

＊わざわざご足労いただきましたのに、大変申し訳ございませんでした。

SECTION

3

あれも間違い？　これも間違い？　気をつけたい言葉遣い

目上の人に使っていませんか？　気をつけたい言葉

本来、上司から部下など、目上から目下の立場の人に向かって使う言葉。目上の人、取引先やお客様に使う言葉ではありません。上から目線になってしまいます。

ご苦労様です（自分よりも目下の人の労をねぎらう言葉）
↓お疲れ様でした。
↓お疲れ様でございます。

お世話様です（何かしてもらったことへねぎらいの言葉として通常は目下の人に使うため、目上の人や取引先の人に使うと失礼だと思われてしまう可能性も）
↓**お世話になっております。**

了解です（友人や同僚など同等から目下の人に使う簡単な言い方）
↓承知いたしました。
↓かしこまりました。

なるほど（納得、同感の意を表す日本語としてはおかしくなくても、場合によっては相手の発言を軽く扱っているようにも聞こえます。特に目上の人に対して使う場合は注意）

おわかりいただけましたでしょうか？（報告が理解できたかと聞いていることになります。目上の人に対してこのような言い方は失礼）

↓ご不明な点はございませんでしょうか。

その他、よく耳にする言い回しや、慣用句などの間違い

テレビショッピングでもよく耳にするフレーズ

日頃のご愛顧に感謝して、

✕ お求めやすい価格にしました。

○ お求めになりやすい価格にしました。

✕ **お体をご自愛ください。**

○ **ご自愛ください。**

自愛は、自分を大事にすることで、体という意味を含んでいます。

✕ **愛想を振りまく**

○ **愛嬌を振りまく**

愛想は愛想がいい、愛想がない、愛想を尽かすなど使います。

✕ **押しも押されぬ**

○ **押しも押されもせぬ**

実力があり、不動の地位を確立している形容。

✕ **取り付く暇もない**

○ **取り付く島もない**

島は頼りとなる物事や手がかり。取りすがろうとしても頼りになるものさえ見つからないこと。

×熱にうなされる
○熱に浮かされる
高熱のためうわごとを言う。また何かに夢中になってのぼせ上がること。

×火蓋を切って落とす
○火蓋を切る
火縄銃の火蓋を開けて点火の準備をすることから転じて、戦いを開始する。物事に着手。「幕を切って落とす」と混用しやすい言葉。

×かんぱつをいれず
○かん、はつをいれず
間髪を入れず

×けがを負う
○けがをする
「傷を負う」との混同

×的を得た発言
○的を射た発言

「翌日」ってなんと読む？方言は言葉の文化

ここでブレイクタイム。私の息子が小学校3年生のとき、国語の教科書の音読の宿題で「よく朝」と「よく日」が何度も出てくる物語がありました。「よくあさ」「よくひ」と読んでいるのを聞き流すわけにはいきません。「よく朝」は「よくあさ」「よくちょう」の二通りの読み方がありますが、「よく日」は「よくじつ」しかありません。各種辞典やアナウンス辞典にも「よくひ」という読み方はないのです。

息子いわく、授業で先生がそう読んでいると。のちの参観日で、モンスターペアレンツにならないよう配慮し先生に質問しました。「翌日」の読み方が漢字の

大学や専門学校など、グループワークで話し合いながら進める講義。和やかな雰囲気のなかで進めていきます。大切なことを雑談のなかに入れると覚えてくれるものです。

テストで出た場合、「よくひ」でも正解かと。そこで初めて先生自身も新潟独特の読み方であると知ったのです。新潟弁と断定はできなくても「よくひ」と言う人が多いのはたしかです。しかも新潟の人が新潟ならではの言い方だと知らずに使っている言葉の断トツ1位です（あくまでも私の感想です）。ちなみに、「翌年」は「よくねん」「よくとし」の二通りの読み方がありますが、翌月は「よくげつ」しか辞典にはありません。

だから悪いといっているわけではなく、地域の言葉はその地域の人々のコミュニケーションをとる文化です。しかし知らなければ、時に大きな誤解を生むこともあります。私の故郷鹿児島の方言などは県外の人にとっては異国の言葉かもしれません。土地の言葉を大事にするためにも、まずは言葉に興味を持つことが知ることにつながり、守ることにもなるのです。

そんな余談をして、大学でチョークの文字を消しながら「鹿児島では黒板消しのことをラーフルと言う」ネタを仕込んでいます。

SECTION 4

きょうからあなたも会話美人

マナーのある会話術

「食べれる」などのら抜き言葉や「送らさせていただきます」などのさ入れ言葉。「行けれる」などのれ足す言葉、「○○させていただきます」の使い過ぎ、語尾をのばす言い方や、私って○○じゃないですか、「○○的」の乱用（私的には、気持ち的には）、○○のほう、○○とか、○○になります、よろしかったでしょうか、超○○など、はやりの言い回しなどは、アナウンサー的に（?）は鼻につきます。ビジネスの場では慎みたい言葉です。1つひとつの言葉に注意しながら、男女問わず、会話が美しい人を目指しましょう。

会話術① クッション言葉

言いにくいことを伝える場面で役立つのが、クッション言葉。文字どおり、その言葉がクッションになることで、次に話す内容をやわらかく伝えることができ、受け入れてもらいやすくなります。

恐れ入りますが～
あいにくですが～
申し訳ございませんが～
恐縮ですが～
お手数ですが～

残念ですが～

会話術② 命令形↓依頼・質問形

「～してください」は丁寧な言い方のようでも命令されたような気分になるときも。依頼・質問形にして相手に判断をゆだねる言い方にするとやわらかい表現に。

「こちらでお待ちください」↓「こちらでお待ちいただけますでしょうか」

「こちらをご覧ください」↓「こちらをご覧いただけますか」

会話術③ 否定形↓肯定形

否定的な表現は相手を傷つけてしまうこともあるため、肯定できるものは言い換えや違う表現に。

それでも否定の意思であることに変わりないので、クッション言葉を添える心遣いを。代替案が提示できるものであれば、否定的な印象を弱めることも可能。

「できません」↓「いたしかねます」

「わかりません」↓「わかりかねます」

その他、

「商品がない・ありません」↓「ただ今在庫を切らしております」

「席にいません」↓「席をはずしております」

会話術④ YES・BUT法

コミュニケーション術の1つでもあるイエス・バット法。言いにくいことや反対意見を述べるとき、相手の考えを頭ごなしに否定するのではなく、まずはYESイエス、そうなんですね、そういう考えもありますねなど意見を受け入れ、そのあとに、BUTしかし、このような考え方はどうでしょうか、と自分の意見を話します。

会話術⑤ プラスとマイナス

●**語尾をプラス**

「魅力塾」での人気コース「きょうからあなたも会話美人」。私に伝えられることはわずかですが、それを自信につなげ、自分が輝くことを許し魅力にしてほしいと思います。

〜いただけたら幸いです。

〜いただけたらありがたく存じます。

依頼する際、メールや手紙など相手の反応がすぐに返ってこない場合などに語尾をプラスする型でよく使いますが、会話でも、

〜いただけたら嬉しいのですが…

〜していただけたらありがたいのですが…

など語尾をプラスし、丁寧さをプラスします。

●プレッシャーをマイナス

お時間のあるときで構いませんので…

いつでも結構ですので…

依頼をした相手にプレッシャーをかけないように、言葉で気持ちを軽くします。

SECTION 5

声は人なり、言葉は人格なり

いつも心にとめている言葉です。この言葉を紹介する文章に出会ったのは10年以上前。すでにアナウンサーとして10年以上経っていた頃で、慣れの世界にいた私は心からそのとおりだと感銘を受け、改めて気を引き締めたものです。テレビ朝日アナウンス部『アナウンサーの話し方教室』のなかからご紹介します。

人に何か伝えようとするときの基本。それは、「簡潔」かつ「明瞭」であることだといわれていますが、それだけではなかなか人の心は動かせません。それでは、そこに何をプラスすればいいのでしょうか？

「声は人なり、言葉は人格なり」

十人いれば十人の声と言葉があるはずですが、それをつくりだすのは、もちろん発声練習だけではありません。毎日の生活のなかで、何を見て笑い、何を見て泣いているのか。何を学び、知り、考えているのか。そうしたすべてのことが自分の声と言葉をつくりだしているのです。

1つの情報を伝えるにしても、その表現方法や言葉の組み合わせは無数といえます。一言一句違わない話をする場合（同じ原稿を読む場合）にしても、声のトーンや感情の入れ方を変えるだけで、聞く人に与える

声だけで表現するナレーションの仕事も、大好きな分野です。まさに「声は人なり」。自分にしかできない表現を目指し、毎回自分への挑戦です！

印象はまったく違ってくるものです。
「人に何かを伝える」というのは、それだけで大変なことです。たかが会話と思う人もいるかもしれませんが、たった一回の会話で人生が変わることもあるのです。人との円滑なコミュニケーションやビジネスでの成功も毎日の会話を見直すことから生まれるのかもしれません。
（テレビ朝日アナウンス部『アナウンサーの話し方教室』から引用）

何気なく読んだ雑誌の一文に心動かされたり、テレビやラジオからの言葉に心を揺さぶられたり。その人の心の状態や置かれた環境、必要としているものによって、聞き流すのか聴き入るのかは違います。毎日の暮らしのなかで、見たり聞いたりするものは何かのサイン。それに気づく力を持ち、その積み重ねがその人の声と言葉を作り出し、その人自身を作り出しているのですね。

SECTION 6

七色VOICEトレーニング

声と話し方で人生を変える！ 心に響く声と話し方

高校時代、私は合唱部に所属していました。毎日長時間練習する厳しい部で、発声練習の前に必ず、ジョギングや腹筋運動などで体力作りをしていました。当時は、長時間にわたる練習も耐え抜く体力が必要なので運動をしていると思っていた愚か者です。声は体が楽器。ストレッチや腹式呼吸に役立つ腹筋運動などで体そのものの機能を高めることが声を作ると気づいたのは、実は最近になってからのことです。気づくのが遅すぎて泣きたくなります。

体の調子によって、その日の声の調子も違います。そのうえで、ハキハキと話し、相手にしっかり伝わる声を出すには、発声練習が効果的です。声も小さく、口のなかでもごもご何を言っているのかわからないとなると、せっかくいいことを言っていても台無しです。

いくらプレゼン機器の使い方が完璧で、伝えたい気持ちが十分あっても、人の気持ちはつかめません。「どんな内容か」よりも「どんな話し方か」が聴く耳を持たせ、結果、伝わることになるのです。まさに、声と話し方で人生は変わる！ 変えられるのです。

魅力塾では、「七色VOICEトレーニング」と題して、発声練習はじめ、文章を読む練習やスピーチのレッスンをしています。「自分の声が好きになれない」「声に自信がない」という人も自分の声にしっかり向き合い、女性であれば艶のある声を発したとき、「あら。自分の声、好きかも」に変わります。高い声も低い声も個性。コンプレックスの対象ではないのです。自分の声は低いから音程を上げてみようなどと考えて無理をすると、かえって聞きにくい声になってしまいます。個性である自分の声のトーンを見つけ、その声のトーンを基準に高い声、低い声を使い分けて、声に表情をつけていきます。もし自分の声が高すぎると思ったら早口になりすぎないよう心がけるなど、相手にとって聞きやすい話し方を考えていくと、その人なりの話し方は必ず見つかります。

「相手と場面と自分の立場をわきまえて」と何度も出てきますが、それは言葉を選ぶだけでなく、「声」も選んでいくのです。気を抜いている私の声なんて裸を見られているようでお聞かせできません。まさに、人前では「七色の声」で装っているのです。

七色VOICEトレーニングは、大学時代の放送研究会やアナウンスの専門学校、テレビ朝日、鹿児島放送の発声法をもとに私流のアナウンス術を交えてお伝えしています。ページ数が残り少ないのでポイントを押さえていきましょう。まず、声を発する前に大事になるのが「呼吸」。正しい「呼吸法」を身につけ、さらに声を前に出す訓練をし、男性も女性も響きのある通る声、伝わる声を手に入れ、心に響く声と話し方をマスターしましょう。

腹式呼吸はいいことばかり！

セミナーや講演で、「皆さんは普段何呼吸ですか？息を吸ったらどこが膨らみますか？」と聞くと、ほとんどの人が「胸式の呼吸」「胸が膨らむ」とおっしゃいます。腹式呼吸と答える人は演劇や合唱などの経験者で、多くの人は胸式呼吸で話をしています。希望で胸は膨らませ、伝わる声を手に入れるには、お腹を膨らませてたっぷりの空気を取り入れましょう。

腹式呼吸は、肺の下にある横隔膜を下げ、お腹を膨らませて肺を下方向に広げることでたっぷりと空気を入れる呼吸法です。響きのある通る声を出すためには、たくさんの空気が必要です。吸い込んだ空気を外へ吐き出す際、吐く息で声帯を震わせ、口腔内で音を共鳴させて声を生み出し、舌や唇、歯、鼻を使って言葉を作ります。たくさんの空気を吐き出すためには、たくさんの空気が必要。どうしても浅くなる胸式や肩式の呼吸よりも空気をたくさん取り込める腹式呼吸が欠かせないのです。

私はかれこれ35年以上腹式呼吸をしているので、今では胸式呼吸は意識しなければできません。お腹を意識して呼吸することで、気持ちも落ち着き、緊張もほぐれます。緊張しない方法を聞かれたりしますが、「人」の字を飲むよりも腹式呼吸をおすすめします。

これは科学的にも説明がつきます。腹式呼吸は自律神経と関係しています。自律神経は自分の意思ではコントロールできませんが、副交感神経を優位にするため腹式呼吸をしてリラックスすることが有効なのです。まったく緊張しなくなるとはいいませんが、心地よい、程よい緊張感を持っているほうがうまくいきます。私はどんなときも落ち着いて見えるようで、わざと肩を上下させ緊張をアピールすることもあるほどです。

また、空気をいっぱい取り入れるにしても、鼻から吸うことも大切です。口呼吸の若者を多く見かけますが、雑菌も一緒に吸い込むよりも、鼻からフィルターにかけて吸うことは健康にも影響します。たっぷりの新鮮な空気を細胞まで行きわたらせるように。腹式呼吸は自律神経のバランスを整え、免疫力もアップし、その他さまざまな効果があるともいわれていますが、大きな病気もせずにここまで来られたのは、やはり腹式呼吸のおかげだったのではと思っています。腹式呼吸はいいことばかりです。

さらに発声・発音練習をすることで響きのある通る声となり、相手に届きやすくなります。

腹式呼吸はこれができたら実は簡単！

レッスンをしていても、多くの人がこの腹式呼吸が難しいと言いますが、コツをつかめば簡単です。

例えばウエストを測るとき、少しでも細くするためにお腹を引っ込めて、体中の空気がなくなるまで息を吐いているはずです。測り終わってほっとすると、ボンと膨らむ。そんなイメージで、口から息をふっーと吐き切って、腹筋をギリギリまで縮めたら鼻から一気に吸い込みます。このとき、お腹を緩めると同時に腹筋を使って膨らませます。これだけです。

誰もができるはずなのです。仰向けに横になってみるとすぐにわかります。人間は寝ている状態のときは無意識に腹式呼吸をしています。

なかなかイメージがつかめない人は次の練習をしてみましょう。

❶床に仰向けに寝て、息をゆっくり吸い、吐く。このとき腹部が膨らむ、へこむ感覚をつかむ。腹部の上下がわからない場合は、大きめの雑誌など重さのあるものを乗せて上下させてみる。

❷呼吸を速くしたり遅くしたりしながら、呼吸と腹部の上下のタイミングをつかむ。

❸立って、肩の力を抜き、背筋を伸ばした楽な姿勢で同じように呼吸する。肩が上下しないように注意する。

発声練習で響きのある通る声を手に入れる！

●**長音（長くのばす練習）**

❶肩の力を抜き、背筋を伸ばした楽な姿勢で、腹式呼吸を意識する。

❷肩を動かさずに、大きく空気を吸い込んでお腹にためる。

❸口をまるく開け、自分にとって楽な高さでできるだけ大きく「アー」と声を出し、長くのばす。腹筋を使って、少しずつ長くし、20秒ほど声が震えないように出すのが理想。喉を絞めた声にならないよう、舌根を落とし喉の奥が見えているかを鏡でチェックするのも効果的。声が遠くへまっすぐ伸びていくようなイメージ。

●中短音

腹式で空気をたっぷりためて長音が出せるようになったら、1秒から2秒で少し短めに「アー・エー・イー・ウー・エー・オー・アー・オー」と声を出します。腹筋を使い、一音一音、共鳴を確認。

さらに、「ア・エ・イ・ウ・エ・オ・ア・オ」と短くリズムよく発声します。お腹の力だけで、ボン！ボン！と1音ごとにお腹をバウンドさせるように息を吐き発声すると、声が響き通る声になるのがわかります。肉付きがいいお腹を披露するのは恥ずかしいのですが、レッスンなどでは私のお腹に手を当てて説明します。

●共鳴

口を閉じて、鼻から息を吐きながらハミングすると、振動を感じるでしょう。鼻筋に指を当てて、さまざまな高さで試してみるとよく振動するだいたいの音の高さがわかります。これが共鳴です。

よく振動する音程の「ンー」から口を開けて「アー」を繰り返すと声が出しやすいところが見つかります。この声こそ、ハリがあり、響く声で人が聞いていて聞き取りやすい声といえるでしょう。長音を練習するときも、常にこの声の高さで練習すると効果的です。さらに、この高さの声を基準にし、自分の声の高い音、低い音の音域を知るとさまざまなシーンで声を使い分けることができます。

発音練習で伝わる声を手に入れる！

大きな声で共鳴ができても、滑舌が悪いと言葉がはっきりしないため、伝わる声にはなりません。唇や舌、歯の位置などによって鮮明に聞こえるか違いが出てきます。口の周りの筋肉を鍛えたり、舌や唇の運動などさまざまなトレーニングがありますが、まずはキソのキの口の運動、滑舌の訓練をしてみるだけでも、違います。細かいことは抜きにして、とにかく口を大きく開けて大袈裟に動かしながら言ってみるだけでも、顔が筋肉痛になるはずです。口先だけでなく、頬まで動かしながら筋肉痛になるくらい動かして発音してみましょう。

アエイウエオアオ
カケキクケコカコ
サセシスセソサソ
タテチツテトタト
ナネニヌネノナノ
ハヘヒフヘホハホ
マメミムメモマモ
ヤエイユエヨヤヨ
ラレリルレロラロ
ワエイウエヲワヲ

顔面筋肉痛になったところで…。

アナウンサーのテクニックから伝授！人と差をつける4つの意識！

アナウンサーは、共通語を作り出している要素を学び訓練します。

アクセントに注意し、鼻濁音、長音化、母音の無声化などありますが、そのなかから一般の人がここに気をつけると話し方にメリハリが出る４つのポイントです。

まずはこれだけを意識！①

「口を大きく縦に発音」して、落ち着きのある安定した声を手に入れる！

鏡を見ながら「あ・い・う・え・お」と母音を発音してみると、「あ・い・え」は口が横に開きがちです。そこで、すべての言葉を口を縦に開いて発音することを意識します。それだけでだらしないイメージはなくなり、ハキハキしたイメージになります。もともと「い」は口を横に広げて出す音ですが、唇を少し縦にするよう意識して発音するという意味です。「う」は唇を前に突き出し、「お」は丸く開ける人も多いのですが、どちらも唇を縦に引っ張る感じです。すべての言葉を縦に発音することで五十音の練習をすると、つぶれたような声ではなく、しっかりした落ち着いたイメージの安定した声を手に入れることができるでしょう。

まずはこれだけを意識！②

助詞の「が」をすべて鼻濁音にする

鼻濁音は、ガ行を鼻にかけた音です。口を開けた状態で「ンー」、そこから「ガ」「ンーガ」と練習するとわかりやすいでしょう。鼻濁音の決まりを覚えることはアナウンサーであっても気が遠くなるため、「私が」「〇〇が」などの助詞の「が」を鼻濁音にすることを心がけると、聞く人にやわらかい印象を与えることができます。

まずはこれだけを意識！③

語尾の「～です」「～します」の「す」は無声化

無声音とは、言語を発する際、「声帯が振動しない」音のことです。内緒話をするときの、「しー」と声にならない息が漏れたようなあの音です。「～です」「～します」の「す」を無声化にすることで、聞きやすく歯切れの良い話し方になりま「す」（無声化）。

まずはこれだけを意識！④

話のしめくくりは、はっきり発音

「…だと…思うん…です…けど…」

日本人は、文末を曖昧にした話し方をする人が多いのですが、それは断定的な物言いをできるだけ避けたいという潜在的な心理が働いているからともいわれています。英語であれば、主語、述語が最初にくるのを基本にしているため、肯定か否定かはすぐにわかりますが、日本語は最後までわかりません。逆にいえば、文末を曖昧にしてしまうと、自分の意見がどこにあるのかが隠れてしまいます。途中まで引っかかりながら話しても、「だと思います」「ではないでしょうか」など最後だけははっきりと締めくくることが、自分の意見をしっかり持っているという印象につながります。読んだり伝えたりするテクニックとして「助詞と文末の音を下げる」というポイントがありますが、小さくするのではなく、しっかりと音程を落とすことでメリハリも出てきます。先ほどの無声化も活きてきます。

声の表情に磨きをかける！

❶表情（顔）

表情は声に直接影響します。魅力的な話し方、会話の達人になるには、表情が大きな武器です。ただし、会話の間中、笑顔を振りまいていればいいかというと、そうとは限りません。

笑顔はもちろんいいのですが、それ以上に会話の達人になるには、会話に応じて臨機応変に表情を変えていくことです。集中して相手の話を聴いている表情、ちょっと困った表情、話の途中に垣間見せる笑顔…と表情を変化させていくのは、会話の一部。表情の変化を意識せずにできる、また、内容によってあえて意識してできるようになれば、それに応じた声を自然に出せるようになっているはずです。

❷具体的なテクニック

例えば、話す内容を書き出して、文章を読む練習をしてみると、それが話し方にも活かされてきます。文章の長いところや、表現のややこしいところでは言葉を区切る。強調したいところではアクセントをつけたり、少しゆっくり読むなど、それだけでもかなりわかりやすくなるものです。新聞を読んだり、好きな本の朗読も話し方に通じるいい練習になります。何も考えずにただ平板に一本調子で読んでいたのでは、わかりにくいだけでなく相手の聴く気も集中力も失せてしまいます。変化があるからこそ重要なところを感じ取り、集中することができるのです。

アナウンサーが原稿を手にしたとき、すぐに声には出しません。まずは黙読し、何を伝えたい文章なのか、内容を理解します。その次に、ここが大事だと思うところや強調すべきところに印をつけます。私の場合は青色で丸く囲んだり、続けて読んだほうがわかる部分を線でつないだりしています。すべての文章や話し方は、具体的なテクニックの組み合わせでまったく違う印象になり、その表現は無限です。

＊速度

話す速度も早口の人、ゆったりしている人それぞれですが、まずは自分の基本となる全体の速さを決め、その速さを中心に、ゆっくり、淡々と、テンポよく速くなどを組み合わせていきます。スピードが速ければ速いほど聞き手のテンションも高くなり、緊張感も増します。ゆっくりは安心感はありますが、ゆっくりすぎるとダレてしまいます。聞き手を意識し、内容に合わせてわかりやすいように工夫し、固有名詞や数字などは速度を落とし、「さて」「ところで」「次に」「まず」「なお」など軽く転換をはかる言葉は低く小さくさらりと話すか、または、誇張する場合は反対に高く大きくゆっくりなど、速さの組み合わせも無限です。

声の速度×高低　だけで表現力は倍増

高い声でテンポよく（速く）

…元気で明るく若々しいイメージを与える声

高い声でゆっくり

…優しく大らかな雰囲気。包み込むような癒しのイメ

ージを与える声

低い声でテンポよく（速く）

…説得力のある信頼感を与えるイメージの声

低い声でゆっくり

…落ち着いたゆったりした雰囲気。大人のイメージを与える声

＊間（ポーズ）

間合いをつくる場所は、文章の句読点とは必ずしも一致しません。むしろ、句読点にとらわれると聞きづらくなる場合も。文章に的確な間をとっている読み方、話し方はわかりやすく伝わりやすいものです。機械的な一定の間はイキイキした読み方、伝わり方が損なわれます。一瞬の静寂は…次に何を言うか期待させ、聴き手が集中することにもつながります。

＊言葉や文章を際立たせる＋抑揚をつける

強弱、高低、明暗、硬軟などで一部分を際立たせて、話し手が協調したいところを表現します。抑揚は、力を入れるところと抜くところを使い分けてメリハリをつけるイメージです。

強弱・高低の例

いつ、誰と、どこへ、どうしたのか、強調したい部分によって、下線を強く高めの声で強調します。高い声が際立つためにはその前後を低くし、強く言うには前後を弱く言うことを心がけると緩急が効き、抑揚がつけられます。

＊　きのう、○○さんとあの場所へ行った。

＊　きのう、○○さんとあの場所へ行った。

＊　きのう、○○さんとあの場所へ行った。

＊　きのう、○○さんとあの場所へ行った。

同じ文章でも、言葉の最後の調子や文末を上げるか下げるかで、そこに感情が表現されます。

＊なぜ、泣いているの

（疑問）（怒り）（つぶやく）

「なぜ」の「な」を強く言ったり、「ぜ」を上げるか下げるか、「泣いているの」の「の」の言い方ひとつで感情表現もさまざまになります。

言葉の力

元秘書そしてアナウンサーとして、私個人の考えを中心に「言葉」についてお伝えしてきました。これまでの人生を振り返っても言葉にはそこに宿る力があることを実感しています。

日本人は「言霊」を昔から大事にしてきたことは知られています。言葉には魂が宿り、良いことも悪いことも引き寄せる大きな力、目には見えない力があると信じられてきました。たった一言で人を救うこともできれば、傷つける凶器にもなりうる言葉。

いかに人に伝わる声を手に入れるかお話ししてきましたが、自分の声を一番近くで聞いている人はまぎれもなく自分自身。自分が発した言葉は体の細胞の隅々までその言葉のエネルギーを運びます。もし、人を傷つける言葉を口にしたとしたら、それは自分を傷つけているのと同じこと。

現代は脳科学の分野が広く知られるようになり、脳と言葉の関係が度々取り上げられます。脳はひどい言葉や汚い言葉を使うと、たとえ他人のことを言っていても、自分のこととして聞いてしまうとか。また、脳は騙されすいので明るい言葉や前向きな言葉を使えば、その方向に向かい、断言することで引き寄せると聞いたとき、納得することばかりでした。

例えば身近なところで、トイレでよく見かける「いつも綺麗にお使いいただき、ありがとうございます」の貼り紙。知り合いのスーパーの店長に効果を聞くと、汚す人が激減したそうです。声に出さなくても言葉で脳が騙された結果でしょう。

思えば「私はアナウンサーになります」と高校2年のときから断定して、周囲に言い続けていました。言葉のエネルギーは私に行動力を与え、あきらめないという気持ちを持続させ、結果、それが現実になったのでしょう。

また、本を書きたいと思ったときから、何のあてもないのに、「私は本を出すのですが」「本を書くのですが」と意識して断定した言葉を使ってきました。「本を出すことができました。ありがとうございます」と過去形にして完了した言葉を文字にもしました。それはおまじないの域を出て、私の脳はまんまと騙され、行動あるのみで引き寄せたのです。

実はこの「まだ来ていない現実」を言い切る例は、ビジネスマナーのなかにもみられます。今回は割愛した手紙の書き方の時候の挨拶「拝啓　早春の候、ますますご健勝のこととお喜び申し上げます」などは、手紙を出す相手が元気かどうかわからないのに、言葉の力で「おめでとうございます」と断言してお祝いすることで、良い状態を引き寄せ、相手に贈ること。相手への気遣いや心配り、まさにマナーの原点かもしれません。


これは実は「予祝《よしゅく》」という日本古来の考え方だと知ったとき、またも雷に打たれた気分でした。言霊を大事にする日本の「あらかじめ祝う」考え方。もともと桜の咲き具合で1年の豊凶を占ったお花見も、秋の収穫の予祝だと聞いたことがあります。建物の棟上げでお餅をまいて祝うのも建物が完成する前祝いということでしょうか。達成をあらかじめ祝うことで未来を創り出すことを大昔から知っていたことになります。現代でも前祝いをする習慣はそこから来ているのでしょう。

こうしてみると、言葉の力は本当に不思議で、改めて、生きた言葉を選び出して自分にも周りの人にも使える人間になりたいと切に思います。

言葉の力を魔法にして、自分で自分を褒めて拍手を送り、今後すべきことを完了形にして文字に起こして眺める毎日です。

そしてきっと今の私はこう口にしているでしょう。

「この本が1人でも多くの必要な人に届き、参考になったと喜んでもらえました。ありがとうございます。」

秘書検定
過去問にチャレンジ！
6

記述問題 **【必要とされる資質】**

秘書A子の下に配属された新人B子は，おとなしい性格で自分からあまり話をしない。そのためか，日数のかかる仕事を指示しても途中経過の報告もないのでA子は困ることがある。そこでA子はB子に注意することにした。このような場合に言うとよいことを箇条書きで三つ答えなさい。

（1級試験問題より）

解　答

1．日数のかかる仕事を指示されたら，不明な点などがなかったとしても指示者に途中経過を報告しないといけない。
2．特に新人は教えてもらいながら仕事をするのだから，進み具合を報告するなどは必要なことである。
3．B子はおとなしい性格のようだが仕事は1人でできるものではないのだから，無理をしてでも自分から話す努力が必要である。

[解　説]

仕事をしていく上では，自分からあまり話をしないのでは済まされないという点に触れたことが答えになる。

INTERVIEW 7

自分の経験と研鑽を応用し「百芸に通ず」を実現する

羽仁 正次郎 氏
株式会社ハニ
代表取締役社長

実に不思議な女性である。なぜか、彼女の前では気を許してしまう。知らないうちに心を開いてしまうというのだろうか。

人生は明るく楽しくがモットーの私は、会話にも私なりの冗談を交えますが、その冗談にさらにユーモアで返してくるのです。本人は相手や周りに十分に気を遣いながら、しかし相手には気を遣わせない。失礼ながら気を遣うことがないのでホッとして心地よく、話をしていて楽しい。1年に1度程度の織姫と彦星のように、たまに帰省されるときは、私のほうが何としても会いたくなり時間を作ってもらうのです。

鹿児島放送の顔としてアナウンサーの道を究めてきた華月さんですが、アナウンサー時代に話した記憶はありません。異動により社長秘書として美味しいお茶をいれてくださったのが最初でしょうか。長年の経験から、人を見ればだいたいのことは予想がつきます。とにかく堂々としていて物おじせず、かといって出しゃばって目立とうとするわけではなく一歩控えている。大らかでありながら細やかな神経の持ち主。彼女からは、他の人とは違う何かを感じずにはいられませんでした。とにかく不思議な女性としか言いようがないのです。その様子を見ながら、当時の社長、相談役を務められた桐明氏に役員にすべきと話したのを覚えています。

そんな思いを知ってか知らずか、ある日突然会社を辞めると聞いたとき、桐明氏になぜ止めないのかと言ったものです。あのとき引き留めていれば鹿児島の民放4局で初の女性役員が誕生していたに違いありません。しかし、その道をあっさりと捨ててご主人を支えることを選んだところも、また彼女の魅力なのです。そして、その道を選んだからこそ、こうして出版の機会に恵まれ、また違う華を咲かせることができたのでしょう。ゆかりのない新潟の土地で1から踏み出すのは大変だったと思いますが、その不思議な力で人脈が広がったのは想像できます。今ではアナウンサーだけでなく講師として教壇に立つなど、そのご活躍は、たくましい薩摩おごじょ（鹿児島の女性）の姿です。鹿児島でのすべての経験を少しも無駄にせず、確実に活かしながら前進している様子を心から嬉しく思います。

「一芸は百芸に通ず」といいますが、どんな道でも究めるには努力や研鑽が必要であり、絶望や挫折を乗り越えて一歩一歩積み上げてきた道程は、他の道においても同じように先を見る力につながる。違う道に目を向ける余裕が生まれたとき、自分の経験と研鑽を応用し、「百芸に通じる」が現実のものとなるのでしょう。アナウンサーという仕事を完璧にできたからこそ、さらに別の道が見えたに違いありません。まさに、「可能性は無限」なのです。新潟の方には申し訳ないのですが、華月ちゃん、また鹿児島に帰って来て郷土に貢献してくれることを心から願っていますよ。

COLUMN 5

自分の人生を背負う覚悟

言葉の力を意識し始めたのは最近のことで、以前は無意識にそのエネルギーをもらっていました。もっと言葉の力を意識して使っていればと後悔することも多々あります。しかし使ったとしても、自分の思いどおりにならなかったり、人生甘いものではないことが訪れたらそれは必然。自分が背負うことを乗り越えなければならない場面は、目指している山の途中で何度も訪れます。この経験があったからこそ、今の自分があると〝成幸〟の理由にできるかどうかは自分次第。

今思えば、あのときもそうでした。アナウンサー道を歩み出しても、事業が立ち行かなくなった父の影響は続き、資金繰りのための私名義の借金が増え、しまいには保証人の判を押していました。

その返済は父がしていたので、世間を知らない小娘だった私は、ただ父を助けていると思っていました。ところが、ある日突然、父は事故で帰らぬ人となったのです。当時は父を失った哀しみにひたる暇はありませんでした。私以上に何もわからない母と妹、弟。通夜、葬儀の日でも容赦ない借金の取り立てに私が壁になるしかなかったのです。アナウンサーとして世間に顔を知られているのに、消費者金融に出向き、父の代わりに頭を下げたことも一度や二度ではありません。負の遺産は放棄できても、私名義の多額の負債が残されました。しかし、泣いてもわめいても自分の責任。誰かがなんとかしてくれるなんて夢物語。

「人生の代理人は誰の人生にも存在しない」のです。26歳だった私は、このとき自分の人生を背負う覚悟ができたのかもしれません。夢を与えるアナウンサーの仕事。

笑顔で仕事をしながら1千万円を超える負債を約6年で返済したのでした。

アナウンサーの夢に辿り着くまでの26回の挫折は、失敗ではなく経験。就職試験に臨む学生たちの気持ちが痛いほどわかります。女性が仕事と家庭を両立する大変さと充実感を知ることは、働く女性たちの気持ちに寄り添うため。事故に遭って命の危険を感じたのは、生きることの大切さを知るため。顔に大怪我をしたのは、女性の美に対する悩みをわかるため。不妊治療の苦しさ、さらに妊娠した喜びもつかの間、突き落とされる幾度の流産は、同じような経験者に寄り添うため。その結果得た子育ての嬉しさと大変さで、育児中の皆さんの気持ちに共感できます。父を失う哀しさや残された家族の大変さ。奨学金とアルバイトで大学卒業、多額の負債を抱えたことでお金の悩みを持っている人の気持ちもわかります。しかしこれは私の人生のほんの1ページ。

自分にとってマイナスだと思っていた経験が他の人を励ますことに役立ち、人の痛みがわかる人間になれたのなら、儲けもんです。人生に無駄な経験など1つもないのですね。

自分の人生すべてを受け入れ、頑張っている自分を認め、まだまだなところは許し、ありのままの自分を愛する道へ。自分を大切に思うことで、自分とご縁のある人や物、土地、すべてを愛し、愛を与えられる人間になりたいものです。

周りの人から、なぜ頑張るのか聞かれることがあります。それは私にとって、なぜ働くのか？　の答えと一緒です。

究極ですが、「生きているから」

何のために？「生きた証しを残すため」

大事故だけでなく、取材中の台湾で飛行機事故寸前の経験もあるのです。私が生きているのは奇跡。父だけでなく、大切な友人が若くして逝き、いつも応援してくれた親友も病で帰らぬ人となりました。生きていたら、やりたいことはいっぱいあったはず、頑張りたかったはずと思うと、辛いときは「辛いことが体験できる幸せ」を味わい、大変だと思うのは「大きく変わろうとしているとき」だと受け止められるのです。

「だって私は生きているんだから」答えは簡単なのです。

病と闘う姿で多くのことを教えてくれた親友は、私と同期の元鹿児島放送アナウンサー原島（旧姓長山）浩子さん。事務所を立ち上げる際、最後に背中を押してくれたのが、闘病中の彼女でした。ここに感謝の意と本書を捧げたいと思います。

ありがとうございました

とうとう本書を閉じるときが近づいてきました。会社員時代を振り返ると、涙が溢れ何度も執筆を中断するはめになりました。秘書力やビジネスマナーに自叙伝を織り込んだ欲張りな本になってしまいましたが、飽きずに最後まで辿り着いていただき、心から感謝いたします。ビジネスマナーに関しては、自分への戒めとなりました。普段の私は、しっかりしているように見えるのが救いで、落ちこぼれの延長です。

品よく毒も吐きながら、暴露本？　カミングアウトにもなってしまいました。知らず知らずのうちに「人生そう甘くはありません」というフレーズが何度も登場してしまいました。苦労自慢をしているわけではありません。私の経験なんてまだまだ甘っちょろいものであることも自覚していますが、こんな経験をしたアナウンサー＆元秘書もいるのだと笑ってお許しください。

さて、秘書力で人生を変えたアナウンサー＆元秘書にとって、本書を書くことがまた大きな人生を変える出来事になりましたが、この執筆期間に、私はもう１つの山を登っていました。ビジネス系検定の１つ「サービス接遇検定」１級の取得です。私にとっては９つ目の資格です。執筆と並行し、短期集中で取得せざるを得なかった学び。しかも相当なプレッシャーを抱えた50歳の受験生でした。まさかこの歳で面接試験に臨むとは想定外でしたが、いくつになっても学ぶことで自信をつけることはできるのですね。

2つの検定で1級を取得し、日本秘書クラブのHES会員になりました。今後は次の大きな山である秘書検定・サービス接遇検定の準1級面接試験の審査にかかわる道を歩むことになりました。両検定の面接試験に臨む方がいらっしゃれば、いつかお目にかかることができるかもしれません。

50年間で経験したさまざまな「人生そう甘くない経験」は、これからの人生たくさんの人の気持ちがわかる人間になるための修行でした。まさに、「華月のただいま修行中」という番組名のとおりです。今後、どんな試練が待っているのかわかりませんが、きっといつか笑って話せるときが来ると、いつも思うのです。今後ますます、暗闇を照らす月のように、それぞれの道に寄り添い光をあて華を咲かせるお手伝いをしてまいります。

本書がこうして無事出版できたのは、たくさんの人とのご縁があってこそ。誰ひとり欠けても実現することはありませんでした。「人とのつながりの積み重ね」を改めてかみしめています。恩人である書籍出版コーディネーターで有限会社インプルーブ代表取締役の小山睦男様、一歩踏み出すきっかけを作ってくれた榎並佳代子様、厳しくも温かい的確な愛のムチをいただいた佐藤勝人様、参考になる助言をいただいた著者の先輩である岸本達也様、宮本延春様、酒井誠様、おぐまのりゆき様、吉持達郎様、佐藤香様、ありがたいお言葉を頂戴した羽仁正次郎様、桐明桂一郎様、坂口和之様、永池誠悟様、山之内倫子様、板垣政太郎様、笠原やよい様、ご協力いただいた実務技能検定協会の保坂恭世理事長はじめ関係者の皆様、日本秘書クラブ関係者の皆様。そして、運命の君、応援団長である中央経済社編集部の飯田宣彦様にはどれだけ御礼を言っても足りません。なぜ、たった5分で私の人生を見抜いたのか、今度こっそり教えてください。

最後に、「本を書こうと思うの」と言いながらも心が揺れていた私に「絶対書くべき」と言ってくれた夫と息子へ。2人に背中を押してもらって、私の覚悟が決まりました。この1年、家事に関しては手抜きのプロとなった落ちこぼれ主婦。そんな私に何の文句も言わず、代わりに食事を作り、せっせと珈琲を入れてくれた2人です。心からありがとうと伝えて私も本書を閉じようと思います。

さあ、何か心にたまっているものがあれば腹式呼吸をして、ふーっと吐き出し、新鮮な空気を細胞まで届けましょう。宙を仰いで「私は〇〇になりました。ありがとうございます」と完了形にして言霊を口にしてみましょう。きっと未来が動き出します。私もまだまだすべきことがいっぱいです。1ミリでも前へお供します。お頑張りあそばせ！　自分にお勝ちになって！

田巻　華月

心から感謝の気持ちを込めて
2017年1月吉日

【参考文献】

・公益財団法人実務技能検定協会編『秘書検定集中講義１級〈改訂版〉』（早稲田教育出版）
・公益財団法人実務技能検定協会編『秘書検定集中講義準１級〈改訂版〉』（早稲田教育出版）
・公益財団法人実務技能検定協会編『秘書検定集中講義２級〈改訂版〉』（早稲田教育出版）
・公益財団法人実務技能検定協会編『秘書検定集中講義３級〈改訂版〉』（早稲田教育出版）
・公益財団法人実務技能検定協会編『秘書検定実問題集』（早稲田教育出版）
・西村惠信監修／仏楽学舎著『ちょっと困った時、いざという時の禅語100選』（三笠書房）
・テレビ朝日アナウンス部『アナウンサーの話し方教室』（角川書店）

《著者紹介》

田巻 華月（たまき　かつき）

M＊Fleur代表、フリーアナウンサー＆講師、女性の生き方を支援する魅力塾主宰。

鹿児島県鹿児島市生まれ。白百合女子大学卒業後、アナウンサーとしてKKB鹿児島放送に入社。報道、料理、対談、情報番組などジャンルを問わず活躍後、社長秘書に。秘書検定１級を取得し、社員採用試験・社員教育に携わる。21年間の勤務を経て、2010年に新潟県新潟市でフリーアナウンサー＆講師として独立。UX新潟テレビ21 ニュース契約アナウンサー。敬和学園大学非常勤講師（ビジネスマナー講座　秘書検定対策）、新潟医療福祉大学非常勤講師（日本語表現法）。

サービス接遇検定１級、日本秘書クラブHES会員、秘書サービス接遇教育学会会員。

秘書検定準１級・サービス接遇検定準１級面接試験実施担当者、大学や専門学校などの就活セミナーで学生を支援。社会人としての基本・ビジネスマナー・コミュニケーションスキルなどをテーマに、企業などで研修、講演活動。

新潟県中小企業団体中央会派遣講師。一般社団法人日本トラックドライバー育成機構マナーインストラクターとして全国各地で活動中。

主宰する魅力塾では、生涯アナウンサー＆元秘書の視点で、輝きWOMANセミナー、七色VOICEトレーニング、小学生対象「ぼくも私もアナウンサー」など少人数でレッスン。母の立場で「言葉は親から子への最高のプレゼント」「子供を信じて任せる勇気」などの子育てセミナーも開催し子育て世代を応援。

— あなたと月と華の道 —

M＊Fleurエムフルール…Moon・魅力・未来のM、Fleurはフランス語で花・華。本名の華月から、暗闇を照らす月のように、それぞれの道に寄り添い光をあて、華を咲かせるお手伝い。

Webサイト　http://www.tamakikatsuki.com/　（無料メルマガ配信中！）

【企画協力】
インプルーブ　小山睦男

【本文デザイン】
志岐デザイン事務所

「秘書力」で人生を変える！

2017年２月15日　第１版第１刷発行
2020年３月30日　第１版第３刷発行

著　者　田　巻　華　月
発行者　山　本　　　継
発行所　㈱中央経済社
発売元　㈱中央経済グループパブリッシング

〒101-0051　東京都千代田区神田神保町1-31-2
電話　03（3293）3371（編集代表）
03（3293）3381（営業代表）
http://www.chuokeizai.co.jp/
印刷／㈱堀内印刷所
製本／㈲井上製本所

ISBN978-4-502-21681-7　C3034